DE LA

CONTRAINTE PAR CORPS.

DE L'IMPRIMERIE DE CRAPELET,
rue de Vaugirard, n° 9

DE LA

CONTRAINTE PAR CORPS,

CONSIDÉRÉE

SOUS LES RAPPORTS DE LA MORALE, DE LA RELIGION, DU DROIT NATUREL ET DU DROIT CIVIL, ET DANS L'INTÉRÊT DE L'HUMANITÉ EN GÉNÉRAL;

PAR J.-L. CRIVELLI,

AVOCAT A LA COUR ROYALE DE PARIS.

« Si la loi doit faire plus de cas de l'aisance publique que de « la liberté d'un citoyen, elle doit toujours préférer la « liberté d'un citoyen à l'aisance d'un autre ».

MONTESQUIEU.

A PARIS,

AU DÉPÔT DES LOIS,

CHEZ GUSTAVE PISSIN, LIBRAIRE,

SUCCESSEUR DE RONDONNEAU ET DÈCLE,

PLACE DU PALAIS DE JUSTICE.

1830.

DE LA

CONTRAINTE PAR CORPS.

INTRODUCTION.

ESQUISSE HISTORIQUE DE LA LÉGISLATION SUR LA CONTRAINTE PAR CORPS.

Il est inutile, sans doute, de remonter aux temps anciens pour y rechercher l'origine de la contrainte par corps. Ce serait étaler un vain luxe d'érudition, dont le lecteur nous saura d'autant plus de gré de nous abstenir, que nous ne pourrions nous dispenser de répéter ce que d'autres ont dit avant nous, ce qu'ils lui ont appris dans des ouvrages précédemment publiés.

Qu'il nous suffise d'établir ici que cette odieuse institution existe encore au milieu de notre civilisation, comme une preuve écrite de l'antique barbarie de nos pères. Telles ces pierres druidiques, qu'on retrouve dans les forêts de l'ancienne Gaule, monumens historiques qui attestent les sacrifices humains offerts au cruel *Teutatès* par ses sanguinaires ministres..... Mais ces sacrifices ont cessé; et la liberté du débiteur malheureux, non moins précieuse que la vie, continue d'être enchaînée au gré d'un créancier avare et vindicatif.

La législation française, sur cette matière, fut long-temps incertaine et variable; tant il est difficile d'asseoir sur des bases positives et fixes des institutions que repoussent à la fois la morale et la religion, et qui forment un contraste révoltant avec les lois de la nature, véritable type des bonnes lois civiles!

Le funeste droit qui permet à l'homme de porter atteinte à la liberté d'un autre homme ne fut réellement déterminé, et la forme à observer dans l'exercice de ce droit ne fut soumise à des règles que dans le dix-septième siècle, sous le règne du grand Roi dont les sages ordonnances nous ont régis jusqu'à l'époque de la révolution. Mais la contrainte par corps n'avait lieu de plein droit qu'entre banquiers et négocians, à raison de leurs opérations commerciales et des faits de leur négoce. L'application en était simplement facultative à l'égard des individus non négocians qui avaient tiré, accepté, ou endossé des lettres de change; elle était laissée dans ce cas à l'arbitraire des juges, qui devaient apprécier la nature de l'acte ainsi qualifié, la qualité de ceux qui y figuraient, et l'objet de l'obligation. En faisant une concession de rigueur au commerce, dans l'intérêt duquel il avait été jugé nécessaire de maintenir la contrainte pour assurer la prompte exécution des engagemens qui y étaient relatifs, la sagesse du monarque n'avait pas négligé les précautions que commandait le respect dû à la liberté individuelle, à l'égard de ceux qui étaient étrangers à cette profession, et dont les actes pouvaient être assimilés dans leurs effets à des actes de commerce.

Les changemens opérés dans notre législation, et qui étaient la conséquence indispensable des principes proclamés par nos assemblées nationales, devaient nécessairement entraîner l'abolition de la contrainte par corps; et elle fut prononcée par une loi du 9 mars 1793. Mais l'esprit de système qui présidait à la confection des lois, dans ces temps d'anarchie où la France se vit menacée d'être replongée dans la barbarie; la mobilité des opinions, variant avec les événemens sous l'influence desquels elles se formaient; les circonstances désastreuses qui avaient détruit le crédit et ruiné le commerce, concoururent à faire rétracter la loi d'humanité qui contrastait avec l'époque à laquelle elle fut émise, et qui était apparue au milieu de la tourmente révolutionnaire comme un rayon vivifiant du soleil échappé des nuages porteurs de la tempête. La contrainte par corps fut rétablie par la loi du 15 germinal an VI, avec des conditions plus dures que celles qui en réglaient l'exercice dans les temps antérieurs à l'époque de son abolition.

Les auteurs du Code civil trouvèrent les choses dans cet état. Dans ce Code, auquel on peut reprocher bien des imperfections, des omissions graves, mais auquel la France est redevable de l'inappréciable avantage de l'uniformité du droit qui la régit, ils ne pouvaient passer sous silence ce qui concerne la liberté des personnes. Ils rendirent un stérile hommage, et dans des termes purement énonciatifs, au principe éternel qui en consacre l'inaliénabilité. Au lieu d'admettre la conséquence qui en dérivait naturellement, ils agirent en sens inverse; et ils ne s'occupèrent que de déterminer les cas où l'homme pouvait en être privé légalement en matière civile. Ils confirmèrent les lois particulières qui autorisaient la contrainte par corps en matière de commerce, en matière de police correctionnelle, et contre les comptables des deniers publics. A la vérité, ils établirent en principe qu'elle ne pourrait être appliquée qu'en vertu d'un jugement; mais cette disposition, qui semblerait présenter une espèce de garantie contre l'arbitraire et la passion de ceux à qui la loi accorde la déplorable faculté d'user de la contrainte, si l'application qui en est permise avait été soumise à des règles dictées par la justice et par l'humanité; cette disposition, disons-nous, a été mal comprise, et les effets n'ont point répondu à la promesse du législateur.

Le Code qui régit spécialement les matières commerciales, et dans lequel devait naturellement trouver place une loi qui avait été faite uniquement en vue du commerce, garde le silence le plus absolu sur la contrainte par corps: et le Code de Procédure civile, qui avait été promulgué dix-huit mois auparavant, ne s'occupe que des formes relatives à l'emprisonnement des personnes assujetties à la contrainte; il contient, en outre, quelques dispositions accessoires, qui, par leur concurrence ou leur opposition avec celles de la loi du 15 germinal, ont fait naître de fréquentes controverses au Palais, et occasionné une funeste variation dans la jurisprudence des arrêts, ou donné lieu à des interprétations qui ont été le plus souvent défavorables aux infortunés détenus pour dettes.

Tel a été jusqu'à présent, et tel est encore de nos jours l'état de la législation barbare qui livre au bon plaisir de créanciers inhumains la liberté de leurs débiteurs malheureux, sur laquelle ils spéculent, en définitive, après que la plupart d'entre eux ont précipité leur ruine par des intérêts usuraires.

CHAPITRE PREMIER.

Du principe et des effets de la contrainte par corps.

La véritable question de la contrainte par corps, qui se présentait naturellement à l'ouverture de la discussion qui eut lieu, l'an passé, à la Chambre des Pairs, fut volontairement écartée par le gouvernement, et par les nobles orateurs, dignes par leur talent et leur profond savoir d'y faire triompher la cause de l'humanité dans cette lutte de la liberté individuelle contre un droit barbare qui offense la morale publique, et qui a dès long-temps cessé d'être en harmonie avec nos mœurs.

Les nobles pairs durent faire taire le sentiment de leur conscience, qui leur disait que cette question ne saurait résister à l'épreuve à laquelle elle serait soumise. Ils y trouvaient la conviction que l'immense majorité de leurs suffrages, d'accord avec la voix publique en France, se prononcerait pour l'abolition de la contrainte, dont le gouvernement venait leur demander le maintien, avec des modifications toutefois dont la proposition elle-même était déjà une preuve de la nécessité de l'abolir. Il leur fut dit qu'il ne fallait pas rechercher *jusqu'à quel point elle était compatible avec les principes de notre droit public*; elle leur fut présentée comme *une nécessité sociale qui avait besoin d'être améliorée*, et dont le *principe vicieux devait être atténué, en rendant les applications qu'il recevrait plus rares et moins sensibles*... Pour justifier cette prétendue *nécessité sociale* dérivant d'un principe *vicieux*, et dont *l'incompatibilité avec notre droit public* ne saurait être problématique, il fut donné pour raison que *l'histoire de la législation nous montrait la contrainte par corps établie chez les peuples les plus anciens; et que l'idée de donner une garantie sur la personne pour assurer l'exact accomplissement des obligations, paraissait s'être présentée naturellement à la pensée de presque tous les législateurs*... et dès-lors, il fut admis comme prémisses de la discussion qu'il ne s'agissait pas d'examiner en théorie la question de la contrainte par corps, ni de considérer abstractivement si elle était légitime en soi, si elle était contraire à la dignité de notre nature, et s'il pouvait être permis à l'homme de donner sa personne en gage, d'hypothéquer sa liberté pour de l'argent.

Ainsi le fait de l'existence d'une vieille institution, reconnue immorale, inhumaine, incompatible avec notre système social, a pu, de nos jours, et par une considération qui eût dû la faire proscrire, l'emporter sur le plus respectable des principes fondamentaux de notre droit, qui consacre l'inaliénabilité de la liberté des personnes. Ainsi, à la faveur de l'invention d'une *nécessité sociale*, démentie par l'opinion générale, et par la conscience même de celui qui proclamait cette nécessité impie dans des termes mitigés, dont l'emploi était exigé pour dissimuler l'odieux de la chose à exprimer, comme on a inventé celui de *rigueurs salutaires* pour qualifier une des plus funestes époques de notre histoire; sur le fondement, disons-nous, d'une *nécessité sociale* factice, la liberté du citoyen, dont la conservation doit faire l'objet de la constante sollicitude des magistrats, et dont il n'est rigoureusement permis de le priver que lorsque la sûreté publique l'exige, continuerait d'être à la merci de l'homme! il pourrait la compromettre par des obligations qu'il n'a souvent pas dépendu de lui de ne pas contracter! un autre pourrait la lui ravir, par avarice, par caprice ou par méchanceté!.... Cette doctrine antisociale est depuis long-temps condamnée par les esprits éclairés, par tous ceux qui conservent le sentiment de la dignité de notre nature, qu'il n'est pas permis à l'homme de dégrader. La doctrine contraire devra prévaloir sans doute, parce que les principes qui lui servent de fondement émanent de la source de toutes les vérités, et qu'il n'est pas permis de les méconnaître sans se rendre coupable envers la Divinité.

C'est une opinion sacrilége que celle qui tendrait à faire admettre que l'homme qui a été créé à l'image de Dieu peut disposer de sa personne comme d'une vile marchandise, l'engager pour un peu d'or, accepter celle d'un autre en garantie de ses obligations, et opérer activement ou passivement l'aliénation pour un temps déterminé de la liberté qu'il a reçue en partage pour en jouir toujours. L'homme ne doit pas pouvoir usurper sur lui-même, ni acquérir sur son semblable un droit que Dieu, qui est le souverain maître de toutes choses, n'a pas voulu se réserver sur l'espèce humaine. Émancipé par la volonté divine, il ne dépend pas de lui de répudier le bienfait qui forme son caractère distinctif au milieu de la création, dont il cesserait d'être le chef-d'œuvre s'il lui était permis d'imposer à son semblable, ou d'accepter pour son propre compte, un joug plus dur à porter et plus humiliant que celui de la servitude.

Le droit de contraindre par corps le débiteur malheureux au paiement de sa dette prend son origine dans ces temps de barbarie où en l'absence des lois protectrices du faible, celui-ci était obligé de subir la loi du plus fort; il dérive du droit de conquête; il est l'image affligeante de l'esclavage auquel était réduit le vaincu par son vainqueur. Il n'en diffère que par un raffinement de cruauté inconnu dans ces temps voisins de la formation des sociétés, et qui fait regretter à l'infortuné gémissant dans les liens de la captivité, de ne pas jouir des douceurs de l'antique esclavage..... Le détenu pour dettes est étroitement resserré dans un lieu peu spacieux et ordinairement malsain, où il vit séquestré de la société, privé de toutes les commodités de la vie, et n'obtenant que ce qui est rigoureusement nécessaire pour prolonger sa misérable existence, devenue une charge pour son impitoyable créancier. Il ne reçoit les bienfaisantes influences de l'air, qui lui est accordé pour respirer avec la même parcimonie qui préside à la fixation de ses alimens, qu'à travers les barreaux multipliés qui garnissent l'étroite ouverture par laquelle son réduit est éclairé..... L'esclave, au contraire, pouvait parcourir les champs qu'il fertilisait de ses sueurs; il lui était permis de repaître sa vue des beautés de la nature; toute sa peine consistait dans un travail forcé, et dans les services humilians, à la vérité, qu'il était obligé de rendre à son maître; mais il trouvait encore dans ses travaux une distraction aux maux attachés à son état de servitude, tandis que le détenu pour dettes doit ajouter aux souffrances de la captivité celles d'une continuelle oisiveté, dans laquelle ses jours s'écoulent avec une lenteur insupportable.

L'esclavage tel qu'il était, tel qu'il existe dans les âpres climats de la Russie, serait encore préférable à la détention qu'est obligé de subir celui que des malheurs ou son imprudence ont réduit à l'impuissance de payer; il invoquerait comme un bienfait la substitution d'une servitude active et profitable à son créancier, à une captivité oisive et tout à la fois onéreuse à ce dernier, si le dur régime de la contrainte devait continuer de peser sur l'infortune.

Mais la discussion qui a eu lieu à la Chambre des Pairs, la répugnance avec laquelle y fut accueillie la loi proposée, les grandes vérités qui jaillirent de cette discussion, auront éclairé le gouvernement du Roi sur l'opinion que l'on a en France de la contrainte par corps; et tout nous porte à espérer qu'une loi mieux adaptée à nos véritables besoins sociaux sera présentée au lieu de celle dont les vices étaient inséparables de son objet. (1)

---

(1) Le cri de réprobation qui s'élève contre la contrainte par corps ne se fait pas entendre en France seulement; il a retenti en Suisse, qui est aussi le pays de la liberté, dans la séance du conseil représentatif de Genève du 28 décembre 1829. — Voici une courte analyse de la discussion qui y a eu lieu à ce sujet : « M. *Mallet Butini* propose l'abolition de « la contrainte par corps. Suivant l'honorable orateur, sa « demande a pour but d'enlever aux usuriers les moyens de « consommer la ruine de leurs victimes..... Elle est une peine « qui atteint l'innocent, ainsi que le coupable : elle est ap- « pliquée dans l'intérêt particulier, et non dans l'intérêt gé-

Il en est de la liberté comme de la vie, nul individu ne doit pouvoir en être privé que lorsque l'intérêt ou la sûreté de la société tout entière en exige le sacrifice. Hors ce cas d'impérieuse nécessité, commandée par le salut commun, il ne saurait exister de cause légitime de réduire un citoyen en état de captivité. L'intérêt privé ne peut, sans violation des principes fondamentaux de notre système social, obtenir à titre de satisfaction la main-mise sur la personne de l'individu obligé. « Si la loi, a dit Montesquieu, doit faire plus de « cas de l'aisance publique que de la liberté d'un « citoyen, elle doit *toujours* préférer la liberté « d'un citoyen à l'aisance d'un autre. »

« néral; enfin, c'est une torture pour arracher au malheu« reux à qui on la fait subir, non l'aveu de ce qu'il ne veut « pas dire, mais le remboursement de ce qu'il ne peut pas « payer..... Le commerce emploie peu ce moyen extrême: « or, les lois trop sévères, dont l'application répugne aux « hommes délicats, doivent être abrogées, puisqu'elles ne « servent plus que les passions et les ressentimens des gens « moins scrupuleux pour arriver à leurs fins. En Angle« terre, le parlement retentit sans cesse de *propositions* ten« dant à abolir cette mesure; et pourtant on ne peut y être « saisi dans son domicile, et l'on y accepte la caution mo« rale..... Si cette loi devait être conservée, il faudrait en « restreindre l'application à un petit nombre de cas. »

Deux autres orateurs qui ont parlé dans cette discussion, ont pensé que « la loi de la contrainte par corps, dont les « applications sont rares à Genève, était nécessaire pour

C'est encore une mauvaise raison que celle qui fut donnée par monseigneur le garde des sceaux dans son exposé des motifs du projet de loi sur la contrainte par corps, lorsqu'il dit que *l'idée de donner une garantie sur la personne pour assurer l'exact accomplissement des obligations, paraissait s'être présentée naturellement à la pensée de presque tous les législateurs.* Indépendamment de l'inexactitude de cette assertion, puisqu'il existe plusieurs États voisins de la France où ce mode de contrainte n'est point pratiqué et où les citoyens ne laissent pas de satisfaire à leurs engagemens; et puisqu'il a été aboli sans inconvéniens pour la fortune privée, dans les États-

---

« comprimer les mauvaises intentions, et effrayer les per-
« sonnes peu scrupuleuses dans leurs engagemens; qu'elle
« était pour le commerce une sauvegarde qu'il serait dan-
« gereux de lui ôter : mais ils conviennent qu'il serait conve-
« nable de retrancher cette peine dans certains cas gracia-
« bles suivant eux, où son emploi pourrait avoir des consé-
« quences fâcheuses..... »

Un quatrième orateur, qui partageait l'opinion des deux précédens, a dit : « Que le tribunal était quelquefois affligé « d'être obligé de sévir dans de certaines circonstances; en « sorte qu'il croyait convenable de le laisser l'arbitre d'ap- « pliquer ou non la contrainte par corps, tandis que la loi « lui en fait un devoir impérieux. »

(Extrait du *Journal du Commerce*, du mardi 5 janvier 1830, article *Suisse*, Genève, 31 décembre.)

Unis, où il avait été importé de l'Europe, il nous paraît que c'est mal procéder, lorsqu'il s'agit d'une loi à faire, et de vaincre les répugnances que sa proposition fait naître, que de chercher à se faire une autorité de l'exemple donné par d'autres. Il est une règle plus sûre, qui est conseillée par le simple bon sens, et indiquée par tous les publicistes, et qui consiste à examiner avec maturité si elle convient à la nation qu'on veut y soumettre; si elle n'y sera pas en opposition avec les mœurs, sans le secours desquelles les lois demeurent toujours impuissantes, avec les mœurs, dont elles tirent uniquement leur force: *Quid leges sine moribus vanæ efficiunt* (Cicéron). Il faut donc que le législateur considère la morale comme le principal ressort, et la partie la plus essentielle de sa politique.

Les lois positives, qui sont toutes d'institution humaine, doivent encore être formées sur le modèle préexistant de toute éternité, des lois émanées de l'intelligence qui forma l'univers et qui le conserve; qui régla les rapports que nous avons avec elle et avec nos semblables; qui établit les fondemens de l'ordre sur lequel reposent l'existence et la durée de la société, et à laquelle nous devons la distinction du juste et de l'injuste, de l'honnête et de ce qui ne l'est pas.

On doit donc tenir pour certain qu'une loi positive est mauvaise, qu'elle ne convient pas à ceux pour qui elle est faite, lorsqu'elle est contraire à la morale publique, lorsqu'elle blesse les lois de l'équité naturelle; et celle qui mettrait en balance avec des intérêts privés le don le plus précieux que Dieu ait pu faire à l'homme, ne saurait échapper au vœu de réprobation qui s'élève contre elle de toutes les consciences.

La loi de la contrainte par corps doit être abrogée, non seulement parce qu'elle est injuste dans son principe, mais encore parce qu'elle est on ne peut plus funeste dans ses effets, soit qu'on la considère relativement à l'individu qui en est frappé, relativement à sa famille, ou relativement à la société dont il est membre, et relativement à ses créanciers eux-mêmes.

Relativement à l'individu, les maux qu'elle produit sont affligeans pour l'humanité; et lorsque la dureté du créancier incarcérateur prolonge la durée de la détention du débiteur au terme de cinq ans fixé par la loi, il n'est pas sans exemple d'en voir interrompre le cours par la mort du détenu, ou de le voir atteint d'aliénation mentale. Le triste spectacle qui frappe ses regards en entrant dans le séjour de l'infortune, dont les habitans se présentent à lui couverts des haillons de la misère, frappe de stupeur son esprit abattu par l'acte de violence exerçé sur sa personne. Condamné à u isolement affreux au milieu d'une réunion d'hommes, tous occupés du malheur qui leur est personnel, il doit se résigner à n'éprouver plus que des sensations douloureuses; et ses douleurs n'obtiendront aucun soulagement. Il demanderait vainement des consolations à ceux qui l'entourent, et qui en ressentent le besoin comme lui. Le sommeil lui refuse ses douceurs; privé d'un salutaire exercice, rien ne l'excite à prendre des alimens pour réparer ses forces, qu'il sent s'épuiser de jour en jour. L'affaiblissement de son corps produit l'altération de ses facultés intellectuelles; son âme perd son énergie; elle ne conserve plus d'autre sentiment que celui de ses peines. Il s'use au milieu des privations de toute espèce qu'il est forcé de s'imposer, et des souffrances morales auxquelles il est en proie; et lorsqu'après une captivité plus ou moins longue, il est rendu à la société, dont il n'avait pas mérité d'être séquestré, il n'y rapporte plus la même aptitude qu'il avait auparavant pour le travail; il y traîne une existence empoisonnée par le souvenir de sa détention, qui l'humilie à ses propres yeux; il continue à y vivre dans un état de séquestration volontaire, dans la crainte de s'y trouver exposé à l'humiliation plus grande encore d'entendre révéler par la malignité ou même par une indiscrétion, le secret de l'époque la plus funeste de sa vie.

Considérées relativement à la famille du malheureux détenu pour dettes, les conséquences de sa captivité ne sont pas moins déplorables. Ici, c'est une famille désolée à laquelle on enlève son protecteur, son unique appui ; une épouse et des enfans qu'on réduit à toutes les horreurs de la misère, en les privant de celui dont l'industrie les faisait subsister..... Et ces innocentes victimes du malheur, ou de l'imprudence du père de famille, élèvent inutilement une voix suppliante vers celui qui se venge sur sa personne, de la fortune qui trompa ses espérances et ses calculs : leurs supplications le trouvent inflexible ; désormais toutes leurs ressources, pour soutenir leur misérable existence, sont fondées sur la charité publique, s'ils ont assez de vertus et de discernement pour éviter les piéges de la séduction tendus à leur faiblesse, à leur inexpérience.

La société, dont le bien-être et la prospérité sont entretenus par la coopération de chacun de ses membres, éprouve aussi un préjudice qui peut être moins sensible, mais qui n'est pas moins réel, du retranchement qui lui est fait de l'un d'eux. La loi de la contrainte par corps, frappant indistinctement le cultivateur qui fertilise les champs, le militaire qui s'est voué à la défense de son pays, celui dont l'industrie active travaille sans relâche à découvrir de nouvelles sources de richesses, le savant qui consacre ses veilles à reculer les limites de la science, l'écrivain qui travaille à étendre le bienfait de l'instruction, le jurisconsulte en qui la veuve et l'orphelin trouvent un défenseur généreux, et dont les conseils soulagent bien des infortunes; cette loi barbare, qui ne respecte ni l'âge, ni le sexe, ni d'éminens services rendus, ni la gloire acquise dans les combats, ou dans des travaux moins périlleux, ravit sans ménagement à la société ceux qui la nourrissent, qui la protégent et la défendent, qui lui procurent des jouissances, ou qui l'instruisent : elle la prive des nouveaux fruits d'une industrie que l'aveuglement d'un créancier inhumain vient paralyser, des secours et des services de ceux qu'elle rend victimes de ses rigueurs, et de toutes les espérances que d'utiles antécédens avaient fait concevoir.

Le créancier lui-même qui use de l'affreux privilége de la contrainte, nuit à ses propres intérêts. L'emprisonnement du débiteur lui est aussi préjudiciable qu'à ce dernier. En le privant de sa liberté, il achève de ruiner son crédit; il lui enlève les moyens d'exercer ses talens et son industrie; il perd volontairement, par humeur, par caprice, ou par vengeance, l'unique garantie de paiement que celui-ci lui présentait dans les fruits de son travail. En augmentant sa misère, il achève de tarir la source des espérances qu'il lui était encore permis de conserver en lui laissant la liberté. — Il n'est pas raisonnable de penser que l'homme qui a les moyens de remplir ses obligations, veuille rester exposé à se voir priver de cette précieuse liberté qui est le premier de tous les biens, et sans laquelle ce qu'on appelle de ce nom ne saurait être d'aucun prix à ses yeux. Le souverain dispensateur de toutes choses n'a pas refusé à l'homme le plus borné les premières notions du juste et de l'injuste; et il n'est personne qui ignore que son propre intérêt repose sur un système de réciprocité conservateur des droits de tous, et qui ne soit convaincu qu'il doit rendre à chacun ce qui lui est dû, s'il veut jouir aussi du même avantage à l'égard des autres. Il faut donc admettre comme une vérité morale, rarement démentie par l'expérience, que celui qui ne paie pas ce qu'il doit est réellement dans l'impuissance de le faire. Il n'est pas impossible, sans doute, qu'on oppose à cette assertion quelques exemples de débiteurs qui aient fait entrer dans leurs calculs, sur les moyens de s'enrichir, la privation de leur liberté, et qui aient été assez vils pour acquérir de l'or à ce prix. Mais c'est ici une odieuse exception, qui ne saurait détruire une vérité que nous tenons pour constante, et qu'il serait aisé de justifier par les registres des maisons de détention pour dettes. Nous osons affirmer que sur cent détenus pour cette cause, il n'en est qu'un très petit nombre qui obtiennent leur élargissement par suite de leur libération, ou seulement après la révolution des cinq ans fixés par la loi, comme *maximum* de la durée de leur emprisonnement. Tous les autres recouvrent leur liberté de la lassitude de leurs créanciers, et faute d'alimens; ou à la faveur d'atermoiemens que ceux-ci avaient refusés dans le principe, et qu'ils acceptent plus tard avec des chances moins favorables.

Il doit donc être tenu pour certain que l'intérêt bien entendu du créancier commande aussi l'abolition de la contrainte par corps, dont la nécessité est tout aussi incontestable dans l'intérêt du débiteur, dans l'intérêt des familles, et dans celui de la société tout entière.

CHAPITRE II.

La loi qui permet au citoyen de priver le citoyen de sa liberté est-elle compatible avec notre Charte constitutionnelle ?.... N'est-elle pas une grave inconséquence dans l'état actuel de notre législation ?....

On peut concevoir que la contrainte par corps soit une nécessité, malheureusement autorisée par l'état des choses, chez un peuple où les progrès trop lents de la civilisation n'ont point encore effacé les traces de la barbarie; chez une nation où la population est divisée en hommes libres et en esclaves. L'habitude du commandement chez les uns, résultat d'un droit attaché à la naissance ou inhérent à la qualité de propriétaire des terres; celle de dépendance chez les autres, déplorable conséquence du hasard qui les a placés dans les degrés inférieurs de l'échelle sociale, où la nombreuse classe des pauvres gémit sous le poids de la misère, peuvent y faire admettre comme conséquence assez immédiate du principe de servitude qui forme leur droit commun, que la personne de l'individu réduit à l'impuissance de payer ses dettes devienne le gage de ses créanciers, et soit mise à leur disposition pour leur tenir lieu de paiement. La justice relative, dont les hommes sont portés à s'accommoder mieux que de la justice absolue, n'est point contrariée de ce qu'on accorde dans ce cas à la puissance des richesses l'exercice d'un privilége avec lequel les esprits sont déjà familiarisés.

Mais chez une nation qui tire vanité de l'urbanité de ses mœurs, du degré de perfection auquel sa législation est parvenue, et de la pureté de sa morale publique, une telle institution, mise en comparaison avec celles dont elle se glorifie, forme une disparate qui blesse la raison, et que le bon sens du législateur doit s'empresser de faire disparaître.

En France, la garantie de la liberté individuelle, et l'inviolabilité des propriétés, forment les bases principales de notre droit public. De là la prohibition d'aliéner l'une, dont nul ne devrait se trouver exposé à être privé que lorsque la sûreté publique en fait sentir l'impérieux besoin; et celle de ne pouvoir exiger le sacrifice des autres que pour cause d'intérêt public légalement constaté, et moyennant une juste et préalable indemnité. L'ordre public et les bonnes mœurs sont essentiellement intéressés à la rigoureuse observation de cette règle conservatrice, à laquelle il est défendu de déroger par des conventions particulières.

Mais cette règle étant ainsi établie dans l'intérêt de la société et dans celui des individus, et la défense qui en forme la sanction étant exprimée dans des termes aussi énergiques, la loi ne tombe-t-elle pas dans une grave inconséquence, lorsqu'elle fournit elle-même le moyen d'éluder ses dispositions; lorsqu'elle permet de faire indirectement, et à la faveur d'actes revêtus d'une certaine forme, ce qu'elle défend de faire d'une manière directe; lorsqu'elle accorde la contrainte par corps contre ceux dont les signatures figurent sur de tels actes?.... Dès-lors, la garantie par elle promise n'est-elle pas une pure déception, et les salutaires effets qui doivent en résulter ne sont-ils pas livrés aux caprices de l'arbitraire?.... A quoi servira désormais la sollicitude qu'elle apporte « à protéger les hommes contre l'injus« tice des autres hommes; à les défendre contre « leur propre faiblesse, non seulement à raison « de leur âge ou de leur sexe, mais aussi *à raison « des obligations que le besoin leur fait sou« scrire* », si, par une contradiction choquante autant qu'elle est funeste dans ses résultats, elle vient elle-même paralyser l'action de ses bienfaits?....

Quoi! elle aura consacré, par une disposition générale et d'ordre public, la prohibition formelle de porter atteinte à la liberté des personnes par des conventions particulières; elle aura défendu aux notaires de recevoir aucun acte où la contrainte par corps serait stipulée, et aux juges d'autoriser de semblables stipulations, hors des cas rares pour lesquels elle a jugé à propos de le permettre : et cependant l'aliénation de la liberté qu'elle prohibe sous la forme d'une obligation ordinaire, qui serait revêtue de tous les caractères de la vérité, pourrait avoir lieu à l'aide du mensonge, et sous la couleur d'un acte dont on n'aurait emprunté la forme extérieure que pour faire produire un effet illicite à cette obligation, qui n'aurait pas changé de nature parce qu'on y aurait employé un déguisement!... Non, un pareil abus, résultat funeste d'une singulière aberration, ne saurait être plus long-temps toléré au mépris de l'opinion générale qui en réclame la réformation; et la sagesse du législateur s'empressera, sans doute, de faire cesser le scandale et les désordres qui en sont les moindres inconvéniens.

Si l'on jugeait qu'il fût utile, ce que plus tard nous démontrerons n'être pas, de conserver encore l'odieuse exécution du *par corps,* que certains esprits, bien pensans d'ailleurs, mais dominés par une invincible prévention, veulent considérer comme une sanction efficace des engagemens commerciaux, dont elle garantit mieux, à leur avis, le fidèle accomplissement, espérons qu'on reconnaîtra l'insuffisance des précautions indiquées par les lois existantes, pour empêcher que l'usure et la fraude n'usurpent les apparences et les droits d'un trafic légitime, à l'aide d'une simulation devenue d'autant plus commune qu'il est plus difficile de la prouver : espérons qu'on s'accordera à reconnaître aussi qu'il est absurde de ranger dans la catégorie des actes commerciaux, parce qu'ils sont donnés d'un lieu sur un autre, parce qu'ils auront la forme d'une lettre de change, les mandats de paiement qu'un propriétaire domicilié à une grande distance de ses propriétés aura pu fournir sur ses fermiers dans un pressant besoin d'argent, à celui qui aura consenti à lui en prêter à la faveur de cette délégation; que le fermier qui aura donné, sous la forme d'une acceptation, son consentement de payer la somme déléguée au terme indiqué pour sa libération, cessera d'être assimilé au négociant et contraignable par corps; et que l'avocat, l'homme de lettres, le militaire, le magistrat, qui auront souscrit de pareils engagemens, ne seront plus exposés à subir une dangereuse métamorphose dans leurs qualités au gré des tribunaux de commerce, trop peu portés, en général, à réprimer un abus qui dérive malheureusement de la loi elle-même. Le Code de Commerce offre bien le remède à cet abus, en réputant simples promesses les lettres de change où sont contenues des énonciations mensongères; mais il ne donne aucune garantie de l'exécution de cette disposition, dont l'application est entièrement abandonnée à l'arbitraire des juges, qui prennent rarement la peine de vérifier les faits propres à les amener à la connaissance de la vérité.

Ainsi se trouve compromise la plus précieuse prérogative attribuée à l'homme, la liberté de sa personne. Ainsi l'on voit violer impunément, à l'abri d'une exception qui n'eût pas dû trouver place dans la loi, le principe conservateur de cette liberté qu'on n'a pas craint de présenter comme étant de nature *à entrer dans la masse des capitaux dont l'homme peut disposer.*

Une aussi funeste doctrine, si elle pouvait être admise, tendrait à la dégradation de notre espèce, puisqu'elle assimilerait l'être doué d'intelligence à la matière mercantile. Elle causerait le bouleversement de notre système social, qu'il importe, au contraire, de consolider de plus en plus en mettant en harmonie avec lui les lois dont l'expérience nous a fait connaître les vices. Leur haute antiquité n'est pas toujours un motif de les respecter, et il n'y a pas de prescription pour les institutions nuisibles à l'humanité : nécessairement imparfaites comme tout ce qui est l'ouvrage des hommes, on doit s'empresser de corriger leurs imperfections aussitôt qu'elles sont connues.

Les fausses considérations que les partisans de la contrainte par corps font valoir à l'appui de leur opinion ne sauraient détruire les grandes vérités dont les esprits sont imbus : celles-ci doivent triompher inévitablement des vieilles erreurs, qu'on ferait de vains efforts pour accréditer de nos jours. D'autres temps, d'autres mœurs : les progrès toujours croissans de la civilisation, les améliorations opérées dans la constitution de l'État et dans la forme du gouvernement, rendent nécessaires des changemens dans la législation, qui doit toujours s'accommoder aux besoins des générations pour lesquelles elle est faite. Ceux de notre époque consistent essentiellement dans l'égalité politique et civile de tous les citoyens, quels que soient leurs titres et leurs rangs dans la société ; dans la liberté de nos personnes, dont nul ne doit être privé que lorsqu'il s'est rendu coupable d'un crime ou d'un délit, et par la volonté de la loi appliquée par les magistrats dépositaires de son autorité. Ce double bienfait, qui nous est garanti par la Charte, ne serait cependant qu'un bienfait illusoire si la contrainte par corps, qui forme un contraste odieux avec ses dispositions généreuses, était maintenue dans nos lois. Son abolition, que nous avons prouvée dans le chapitre précédent être impérieusement commandée par la religion et par la morale publique, est donc encore une conséquence nécessaire des principes consacrés par notre Charte constitutionnelle.

CHAPITRE III.

La contrainte par corps est-elle une peine, ou simplement un mode d'exécution forcée, à l'usage du créancier, pour obliger son débiteur à payer?

Il est difficile de concevoir, et notre raison répugne à croire, qu'un fait avéré par ses circonstances et par ses suites déplorables puisse être révoqué en doute par des hommes judicieux. L'humanité se révolte contre ce nouvel outrage fait au malheur; et il faut avoir fait abnégation de ce sentiment pour se refuser à reconnaître le caractère d'une peine non moins grave qu'elle est humiliante, dans une exécutiou odieuse qui met le corps à la gêne, et qui flétrit l'âme de celui qui en est affecté. O vous qui voulez en douter encore, consentez à vous éloigner un seul jour de vos demeures, où vous êtes entourés de toutes les commodités de la vie, où votre cœur savoure les douces caresses d'une épouse chérie et des enfans qui embellissent votre existence; daignez vous transporter dans le triste asile où tant d'infortunés gémissent sous le poids de leur misère, séquestrés de la société, et privés de la présence des objets de leurs plus chères affections; interrogez leur douleur; sondez les plaies de leur cœur; scrutez leur pensée....; descendez ensuite dans votre conscience, et dites-nous si vous persisterez à voir dans la contrainte par corps non une *peine*, mais seulement ce que vous appelez *un moyen sévère* de forcer le débiteur à acquitter ses obligations!

Pour que la détention du prisonnier pour dettes pût être considérée autrement que celle des détenus pour d'autres causes, il faudrait que, comparée à celle-ci, elle présentât des différences réelles : et il importera peu que la loi ne l'ait pas qualifiée de la même manière, si elle produit en définitive les mêmes résultats; si elle est accompagnée des mêmes angoisses; si les mêmes liens sont communs à celui qui déplore son infortune ou qui n'a à se reprocher que son imprudence, et à celui qui se rendit coupable d'un délit. Or, pour l'un comme pour l'autre, nul adoucissement ne vient soulager le malaise corporel attaché à la privation de la liberté; leurs souffrances physiques et morales sont les mêmes. Les barreaux qui garnissent l'étroite ouverture par laquelle le jour pénètre dans le réduit de l'un et de l'autre ne sont ni moins épais ni moins serrés; les verroux sous lesquels ils sont enfermés ne sont pas plus faciles à briser..... Souvent confondus dans la même prison, les détenus pour dettes n'ont pas même la stérile consolation d'être distingués de ceux qui, par leurs méfaits, attirèrent sur eux la vindicte publique. S'ils sont soumis à la même gêne, aux mêmes humiliations, aux mêmes rigueurs, par quelle étrange fiction peut-on se persuader qu'ils ne subissent pas une peine semblable à celle qui est infligée à ces derniers?..... Une dénomination différente et de pure convention satisfait peu la raison; et le sens commun se refusera toujours à voir dans les choses, malgré la différence des mots dont on voudra se servir pour les exprimer, une dissemblance qui manque de réalité.

Toutefois, examinons les raisons à l'aide desquelles les partisans de la contrainte par corps prétendent prouver qu'elle n'est point une *peine*.

« L'idée de peine que l'on attache à la con-
« trainte par corps, disent-ils, est incompatible
« avec sa nature. On ne doit y voir qu'une sorte
« d'épreuve par laquelle on s'assure que le débi-
« teur qui se prétend insolvable, l'est en effet. Le
« temps fixé pour la durée de cette épreuve étant
« accompli, la loi présume que celui qui n'a point
« payé ses dettes n'a véritablement aucun moyen
« de s'acquitter.

« Une peine, quelle qu'elle soit, ne peut être
« prononcée qu'en vertu d'une loi qui qualifie le
« fait de délit ou de crime, selon les circonstances.
« Sans cela, quelque blâmable que soit un acte
« de l'homme, dès-lors qu'il n'est pas prévu par

« la loi pénale, il ne saurait donner lieu à l'appli-
« cation d'une peine.

« Les peines, d'ailleurs, ne se prononcent que « dans l'intérêt de la vindicte publique, et sur la « poursuite des officiers préposés à cet effet. La « contrainte par corps, au contraire, ne s'exerce « que dans l'intérêt du particulier.

« Toute condamnation imprime une tache à « celui qui l'a subie; la détention pour dettes n'a « au contraire rien de flétrissant... »

Tels sont, en résumé, les principaux motifs de l'opinion favorable à la contrainte; il n'en est aucun de fondé, si quelques uns peuvent paraître spécieux.

Il n'est pas possible, en effet, d'admettre l'existence de la contrainte personnelle, sans y attacher naturellement une idée de pénalité. Cette sorte de contrainte, quelle que soit la douceur des formes qu'on y emploiera, annonce toujours une violence faite à l'individu contre lequel elle est exercée; et la violence est le signe le moins équivoque de la peine. L'exécution dont le débiteur est l'objet, et l'appareil qui l'accompagne, sont déjà un véritable châtiment qui l'atteint dans toute sa personne et dont son âme est douloureusement affectée. En userait-on différemment à l'égard du condamné pour un délit ou pour un crime?... Comme lui, celui-ci serait arrêté par les exécuteurs des mandemens de la justice;

comme lui, il serait retranché de la société, et traîné dans une prison, séjour spécialement destiné aux malfaiteurs. Si, dans ce dernier cas, l'arrestation du condamné et sa détention sont une peine, comment la contrainte par corps, et la captivité dont elle est suivie, pourraient-elles n'avoir pas le même caractère, lorsqu'on y emploie les mêmes moyens, lorsqu'elles produisent les mêmes effets?... Ici, le fait dément une proposition que les partisans de la contrainte se bornent à énoncer, mais qu'ils seraient bien en peine de justifier..... Par un cruel abus de mots, ils essaient encore de présenter cette odieuse exécution comme étant simplement une *épreuve* faite sur la personne du débiteur, pour acquérir la certitude de son impuissance de payer. Mais l'expérience de tous les jours, constatée par les écrous des maisons de détention, prouve suffisamment la superfluité de cette cruelle *épreuve;* puisque, ainsi que nous l'avons déjà dit, elle ne produit ordinairement d'autres résultats que de convaincre le créancier qu'il eût mieux fait de ne pas repousser dans le principe les offres de son débiteur, de procurer son élargissement à celui-ci par le manque des alimens que ce créancier se lasse de lui fournir après avoir consommé sa ruine par une détention plus ou moins longue, ou de satisfaire par une captivité de cinq ans l'aveugle vengeance de l'incarcérateur.

Personne n'ignore en France qu'il ne doit être infligé de peine qu'à celui qui s'est rendu coupable d'un crime ou d'un délit. Tout le monde sait que le non-paiement d'une obligation de la part du débiteur est un acte blâmable, et nuisible au créancier porteur de cette obligation; et nous adoptons volontiers le sentiment de ceux que nous combattons, lorsqu'ils disent que « un acte « de l'homme, quelque blâmable qu'il soit, ne « saurait donner lieu à l'application d'une peine « lorsqu'il n'est pas prévu par la loi pénale. » Mais nous déduirons de ces prémisses une conséquence différente de celle qu'ils en ont tirée, lorsqu'ils en concluent que la contrainte par corps ni l'emprisonnement qui en est la suite, ne sont pas une peine, tandis qu'ils n'ont pas lieu en vertu de la loi qui punit les crimes et les délits. Nous dirons que la prison étant un châtiment réel, quelles que soient les causes qui en motivent la condamnation, et le bon sens le plus vulgaire repoussant l'opinion paradoxale qu'on voudrait vainement substituer à cette vérité, il est inconséquent d'en permettre l'application sans y observer les formes protectrices de la liberté, et par des tribunaux qui ne sont point ceux auxquels la loi confie le soin d'apprécier les causes qui doivent en entraîner la privation.

La vindicte publique étant seule intéressée dans la distribution des peines, et celle de la prison étant l'une des plus dures qui puissent être infligées à l'homme, il y a de l'injustice à la faire servir à satisfaire l'intérêt individuel ; à la mettre à la disposition d'un créancier haineux, comme un moyen d'assouvir son ressentiment contre un débiteur malheureux. Cette injustice est d'autant plus grande, que l'infortuné soumis à la contrainte, et à qui son créancier veut faire subir le maximum de la durée de la détention fixée par une loi barbare, est traité plus durement que les condamnés pour des faits qualifiés crimes ou délits par la loi.

Non seulement elle ne traite pas avec plus de sévérité les fonctionnaires publics qui se rendent coupables de concussion (1), ceux qui portent le désordre dans la société en y usurpant des fonctions publiques (2), ceux qui outragent les magistrats, par paroles ou par actions, dans l'exercice ou à l'occasion de leurs fonctions (3), mais encore elle laisse aux tribunaux chargés d'appliquer la peine, la faculté de l'adoucir et de réduire à deux ans la durée de leur emprisonnement.

On ne peut exercer une plus grande rigueur, et il est permis d'user de la même indulgence, à l'égard des pères et mères qui osent violer la reli-

---

(1) *Code Pénal*, art. 174.

(2) *Ibid.*, art. 258.

(3) *Ibid.*, art. 222 et 228.

gion et la morale publique en excitant la prostitution et la corruption de leurs enfans âgés de moins de vingt-un ans (1); du calomniateur qui porte atteinte à l'honneur du citoyen en lui imputant des faits qui entraîneraient la peine de mort, les travaux forcés à perpétuité ou la déportation (2); des dévastateurs des récoltes sur pied (3), etc....

La loi pénale est plus indulgente encore, et n'est jamais plus sévère, à l'égard de ceux qui se sont rendus coupables de vols dans certains cas, ni à l'égard de ceux qui ont commis des larcins et des filouteries, puisqu'ils ne sont jamais punis de plus de cinq ans d'emprisonnement, et qu'ils peuvent n'y être condamnés que pour un an. (4)

Enfin, dans des cas graves, tels que ceux de détention arbitraire de la part des gardiens et concierges des prisons (5); de rébellion d'une personne envers des fonctionnaires investis de l'autorité publique (6); d'abus de confiance, etc. (7); elle use d'une modération qu'il est à regretter de ne voir pas employer à l'égard de ceux qui n'ont d'autre reproche à se faire que de ne pouvoir payer ce qu'ils doivent, puisqu'elle ne prononce contre

(1) *Code Pénal*, art. 334.
(2) *Ibid.*, art. 371.
(3) *Ibid.*, art. 444.
(4) *Ibid.*, art. 401.
(5) *Code Pénal*, art. 120.
(6) *Ibid.*, art. 212.
(7) *Ibid.*, art. 406 et 408.

les premiers que la peine d'un emprisonnement de deux mois à deux ans. Le banqueroutier simple, lui-même, qui mériterait moins d'indulgence sans doute que le malheureux débiteur réduit à l'impuissance de se libérer, n'est pourtant passible que d'un emprisonnement d'un mois à deux ans au plus.... (1)

Tous les exemples que nous venons d'indiquer, plusieurs autres qu'il deviendrait superflu d'énumérer, et qui sont aussi relatifs à des délits envers la société, envers les personnes, envers les propriétés, offrent de la part du législateur une sage réserve dans leur répression. En déterminant le *maximum* de la peine, il laisse au juge le pouvoir de la mitiger, eu égard au plus ou moins de gravité des circonstances qui ont accompagné le délit, à ses résultats, et au caractère du délinquant; tandis que la contrainte par corps pèse toujours de tout son poids, et qu'elle est toujours appliquée sans modification à celui qui a le malheur de se trouver classé dans la catégorie des contraignables. Toujours cinq ans, jamais moins de cinq ans de captivité, tel est le sort qui lui est réservé par une loi inique autant qu'elle est inhumaine; et l'existence matérielle du fait de non-paiement suffit pour en légitimer l'application, sans qu'il soit permis de prendre

(1) *Code Pénal*, art. 402.

en considération la position de fortune du débiteur, s'il y a mauvaise volonté de sa part, ou seulement impuissance réelle de payer..... Dans ce cas, la loi, en ordonnant de punir toujours indistinctement, et d'une manière uniforme, celui qui ne peut pas payer, justifie l'explication donnée par de malins esprits de l'allégorie sous laquelle la peinture nous représente la Justice avec un bandeau sur les yeux. Elle la fait frapper en aveugle, et sans discernement, sur l'individu dont les malheurs, des pertes inattendues, ou des espérances trompées, ont seuls précipité la ruine, et sur celui dont la mauvaise foi pourrait être prouvée, mais qu'on ne saurait présumer légalement, parce qu'elle ne doit pas plus être présumée que le dol et la fraude dont la présomption n'est jamais admise par la loi.... (1)

A la vérité, l'homme qui a été détenu pour dettes, à la différence de celui qui a subi la détention en punition d'un délit, n'est point flétri dans son honneur; et les partisans de la contrainte par corps empruntent de cette circonstance un motif de soutenir qu'elle n'est pas une peine..... Mais si la loi a refusé cet effet à l'emprisonnement pour dettes, voudra-t-on croire qu'en sortant de la prison où il a vu augmenter sa misère, l'infortuné débiteur conservera dans

(1) *Code Civil,* art. 1116.

le monde la même considération dont il jouissait auparavant?... Y trouvera-t-il le même crédit?... La même bienveillance caractérisera-t-elle l'accueil qui lui sera fait?... Ses relations n'en auront-elles reçu aucune atteinte?.... Lui-même n'aura-t-il pas perdu de cette assurance qui contribue si souvent au succès?... Ah! ne nous le dissimulons pas; celui qui vient de subir l'épreuve de la captivité n'est plus le même homme; les autres aussi sont changés à son égard; et s'il n'y a point perdu l'honneur, on devra convenir qu'elle l'a privé de plusieurs avantages sociaux dont la perte n'est ni moins sensible, ni moins humiliante.

Notre raison se refuse donc à trouver des différences entre la nature et les effets de la détention pour dettes, et la nature et les effets d'un emprisonnement correctionnel. L'une est donc, comme l'autre, une véritable peine; et nous serons dès-lors fondés à soutenir plus tard qu'elle ne devrait être infligée que par les tribunaux institués à cet effet, et avec la maturité qui convient à l'examen des causes qui peuvent être un juste motif de priver un citoyen de sa liberté.

Mais la contrainte par corps est non seulement une peine dans toute l'acception de ce mot, et dans la réalité de la chose, elle présente encore sous un autre rapport une analogie révoltante avec un moyen atroce, employé autrefois dans notre législation criminelle pour obtenir des accusés la confession de leurs crimes. Elle est une torture physique et morale exercée sur le débiteur par son créancier, pour essayer de lui arracher l'argent qu'on suppose toujours, et le plus souvent faussement, qu'il retient en son pouvoir; ou dans l'espoir de voir accourir à son secours ses parens et ses amis, s'ils sont supposés avoir les moyens de mettre un terme à sa gêne et à ses souffrances. Cette torture est d'autant plus cruelle qu'elle est augmentée de l'incertitude de sa durée soumise à l'arbitraire du créancier, dont le ressentiment, excité par les mauvais résultats de son épreuve, admet, comme une compensation à ses espérances ordinairement trompées, les maux et les douleurs de sa victime.

Terminons la comparaison que nous venons de faire des rigueurs de la loi de la contrainte par corps avec les lois répressives des délits, par un rapprochement avec les peines dont une loi spéciale punit l'usure, qui use toujours largement de l'odieux privilége de couronner par une dure captivité les maux qu'elle a déjà causés à celui qui employa ses ressources. — L'usurier, véritable fléau de la société, n'est passible, dans les cas ordinaires, que d'une amende égale à la moitié des capitaux qu'il a prêtés à un taux usuraire. Ce n'est que lorsqu'il est prouvé qu'il y a eu escroquerie de sa part qu'il est condamné à un emprisonnement *qui ne peut excéder deux ans* (1). Il n'est tenu, envers l'emprunteur, qu'à souffrir, par forme de restitution, la compensation de l'intérêt usuraire qu'il a exigé avec le principal de sa créance, à raison de laquelle il conserve contre le débiteur tous les droits, voies et moyens dérivant de l'obligation. Or, il résulte évidemment de ce court exposé où sont retracées les dispositions les plus rigoureuses de la loi contre l'usure, que la peine infligée à ce délit, cause fréquente de bien des désordres, est dans une injuste disproportion avec les satisfactions que son auteur peut légalement obtenir contre celui dont il aura occasionné les malheurs. Ainsi l'on verra l'usurier porteur d'un titre qui lui confère le droit d'user de la contrainte par corps, n'être le plus souvent condamné qu'à l'amende et à une légère restitution; dans le cas où il est traité avec le plus de sévérité, il en sera quitte pour deux ans d'emprisonnement; tandis que l'emprunteur, dont il a opéré la ruine, sera exposé à toute l'activité de sa vengeance, emprisonné par lui, et retenu captif pendant cinq ans, pour le punir d'avoir osé faire entendre ses plain-

(1) Loi du 3 septembre 1807, art. 3 et 4.

tes à la justice..... Cette dernière considération, qui révèle une nouvelle injustice restée jusqu'à présent inaperçue, pourrait-elle donc être sans influence pour déterminer le législateur à ordonner la révocation d'une loi qui n'offre que les moyens d'aggraver l'infortune ?

CHAPITRE IV.

La Contrainte par corps est-elle utile au commerce?....

La législation des peuples ayant son principal fondement dans la morale, il faut toujours en consulter les règles lorsqu'il s'agit d'une nouvelle loi à introduire, ou d'une ancienne loi à maintenir. Ainsi, avant d'examiner les raisons de décider de l'utilité d'une telle loi, il faut considérer d'abord si elle est d'accord avec les principes de l'éternelle justice. Or, il devrait demeurer constant, d'après ce qui a été précédemment établi, que celle qui consacre parmi nous le droit de priver un citoyen de sa liberté pour des intérêts pécuniaires, est une loi impie, immorale et injuste. Dès-lors, la question de savoir si elle pourrait être utile devrait être écartée; parce que rien n'est utile que ce qui est juste, et qu'on ne peut proposer comme étant une chose juste ce qui est contraire à la religion et à l'humanité.

Toutefois, nous devrons nous prêter à la faiblesse de notre nature, si facile à accueillir l'erreur au préjudice de la vérité; et nous examinerons si, abstraction faite du principe qui doit présider à la confection des bonnes lois, la contrainte par corps peut être d'une utilité relative et spéciale lorsque la nécessité ne s'en fait pas sentir dans l'intérêt général.

L'honorable M. *Lafitte*, auquel sa probité, ses lumières, et son expérience, assignent une place distinguée dans le rang des négocians qui ont acquis des titres à l'estime et à la considération publique, a résolu la question en peu de mots, lorsqu'il a dit à la tribune de la Chambre des Députés : « Les besoins du commerce ne réclament point l'exécution de la contrainte; elle « ne s'exerce qu'au profit de l'usure contre de « malheureux pères de famille et quelques jeunes « imprudens.... Le commerce, qui civilise tout, « n'a pas besoin pour sa sûreté de recourir à des « moyens qui rappellent les temps de la plus « grande barbarie..... » Les développemens que nous ajouterons à ce qu'il a si énergiquement exprimé ne seront que la paraphrase de son opinion, dans laquelle il n'a été que l'écho de l'opinion générale en France.

L'inutilité pour le commerce d'un mode d'exécution dont il repousse l'odieux privilége, est facile à prouver par l'exemple de ce qui s'y pratique, et par les ressources que la législation commerciale offre à ceux qui en font leur profession pour en rendre l'emploi extrêmement rare à leur égard.

La contrainte par corps, qu'on voudrait faire considérer comme une sanction efficace des engagemens commerciaux, qui fait qu'ils sont fidèlement acquittés par ceux qui les ont contractés, n'a, par le fait, et relativement au commerce, qu'une existence sans réalité, puisque les véritables commerçans ne veulent point en user contre ceux auxquels elle s'applique plus spécialement. Il n'est pas une maison de commerce qui se respecte, qui emploie ce mode de poursuite contre ses débiteurs; et l'on chercherait vainement le nom d'un négociant recommandable parmi ceux des créanciers incarcérateurs. On ne voit figurer en général, dans le nombre de ces derniers, que les noms obscurs de quelques capitalistes, prêteurs à gros intérêts; de banquiers clandestins, escompteurs honteux, qui ont l'air d'exiger le 6 pour 100 seulement de leur argent, lorsqu'il leur rapporte réellement le 15 ou le 18 pour 100, à la faveur des droits de commission, escompte, etc., dont ils surchargent leurs bordereaux; d'avides usuriers, aux yeux desquels un intérêt à 30 ou 40 pour 100 paraît encore bien modéré, et qui le plus souvent n'ont donné au lieu d'argent que des marchandises de rebut, pour lesquelles ils exigent une obligation du double de leur valeur, de celui qui a recours à leur funeste obligeance; enfin, d'odieux spéculateurs ayant acheté à bas prix les titres de créances des créanciers nécessiteux autant que les débiteurs qui les ont souscrits, et de la part desquels l'emprisonnement des uns et des autres est encore une spéculation sur les dernières ressources qui leur restent, sur l'affection présumée de leurs parens et de leurs amis, et sur l'humanité des dispensateurs des fonds affectés par la générosité du prince, ou par la charité publique, à la délivrance annuelle des malheureux détenus pour dettes.

Les relevés qui ont été plusieurs fois publiés des écrous des maisons de détention, nous apprennent qu'on ne compte parmi les victimes de la contrainte par corps qu'un petit nombre de commerçans appartenant aux classes inférieures du commerce, marchands en détail des divers objets de consommation, tels que débitans de vin, bouchers, épiciers, chapeliers, quincaillers, brocanteurs, colporteurs, ouvriers industriels, etc... Mais la grande masse de la population de ces maisons se compose de propriétaires fonciers, d'hommes de lettres, de militaires, d'étudians en droit et en médecine, de pensionnaires de l'État; de porteurs d'eau, de charbonniers, de commissionnaires du coin des rues, et d'autres individus tout aussi étrangers au commerce, auxquels un besoin impérieux ou la nécessité pressante du moment, arrachèrent une obligation improprement qualifiée *acte de commerce.*

Le vice des motifs sur lesquels se fondent les

partisans de la contrainte par corps pour la faire maintenir, et son inutilité dans l'intérêt du commerce, à la sûreté duquel ils veulent se persuader qu'elle contribue essentiellement, se prouvent non seulement, ainsi que nous venons de l'établir, par l'expérience des faits, mais encore par les moyens que la loi met à la disposition du commerçant réduit à l'impuissance de faire honneur à ses engagemens, et dont il est très rare qu'il n'use pas efficacement. En effet, celui qui se trouve réduit à la funeste nécessité de suspendre ses paiemens, prévient ordinairement les poursuites qui pourraient être dirigées contre sa personne par ses créanciers, en se mettant en état de faillite. Dès-lors, il ne peut être reçu contre lui ni écrou, ni recommandation; et il a coutume de se dérober à l'exécution du jugement qui, en déclarant l'époque de l'ouverture de la faillite, ordonne le dépôt de sa personne dans la maison d'arrêt pour dettes, jusqu'à ce qu'il ait pu obtenir un sauf-conduit, qui ne lui est refusé que lorsqu'il s'élève contre lui de graves présomptions de fraude et de mauvaise foi. Le négociant failli jouit de la plénitude de sa liberté personnelle à l'abri de cet acte tutélaire; il concourt avec les agens, et successivement avec les syndics de sa faillite, aux diverses opérations dont la loi leur confie le soin et la direction; et il lui est alloué un salaire pour ce travail. Plus tard, il traite avec ses créanciers; il obtient d'eux un concordat qui le replace à la tête de ses affaires, ou il termine avec eux par un contrat d'union dont les résultats ne peuvent lui être désavantageux que dans le cas où les circonstances de sa conduite le feraient déclarer non excusable par le tribunal; ou il leur fait la cession de ses biens; et dans toutes ces hypothèses, il est affranchi de la contrainte par corps.

L'intérêt du commerce n'est donc ici évidemment qu'une vaine allégation; et le prétendu besoin qu'il est supposé éprouver d'une garantie sur la personne, une erreur qui se pare des couleurs de la vérité pour détourner l'attention du législateur d'un besoin plus réellement pressant, manifesté par le vœu général de la population, et plus digne d'exciter une juste sollicitude, celui de l'abolition de la loi barbare dont le commerce lui-même répudie l'odieux bienfait.

« C'est cette garantie, nous dit-on, qui donne « seule confiance et crédit aux lettres de change, « sans lesquelles il n'y aurait point de commerce, « et sur lesquelles on ne consent à avancer ses « fonds que parce qu'elle fournit un moyen d'en « rendre la rentrée facile et prompte. C'est cette « garantie qui a fait la richesse et l'aisance d'une « foule de négocians qui ont commencé sans for- « tune, et qui n'eussent jamais trouvé de l'ar- « gent à emprunter sans l'engagement de le ren-

« dre par corps. Elle est favorable surtout au petit « commerce, auquel elle offre, sous cette condi- « tion, les moyens de prendre une certaine ex- « tension à ceux qui étant économes, laborieux « et intelligens, mais peu fortunés, ont un besoin « indispensable du crédit. Elle est, dans cette po- « sition, une des conditions nécessaires du tra- « vail et de l'industrie. »

Ces diverses propositions, où se trouvent réduits à leur plus simple expression les argumens de ceux qui prétendent prouver l'utilité de la contrainte, ne présentent qu'une série d'idées paradoxales et une fausse opinion des causes qui entretiennent le crédit parmi les négocians. La crainte d'une exécution personnelle sur laquelle on veut faire reposer principalement la confiance qui forme la base du commerce, n'est point le véritable motif qui y facilite la circulation des lettres de change, et qui fait que leur paiement ne souffre pas les retards auxquels sont quelquefois exposées les obligations civiles. Le négociant qui consent à donner son argent pour la valeur de convention qui en devient la représentation, n'y est point déterminé par la garantie que la loi lui offre dans l'exercice de la contrainte; et la triste expectative d'avoir à faire usage de ce moyen odieux serait au contraire un motif pour lui de refuser des valeurs dont la contrainte serait la garantie principale de leur paiement. Si celui qui emprunte ne présente des sûretés morales dans ses habitudes laborieuses, dans sa probité, dans son économie, il offrirait vainement d'engager sa personne pour obtenir les avances dont il pourra avoir besoin. La confiance et le crédit qui lui sont accordés sont toujours en proportion de l'ordre qu'il est réputé apporter dans la manutention de son négoce, de son activité, de sa prudence, de la régularité de sa conduite; et celui qui consent à lui avancer son argent ne place sa confiance pour la sûreté de son paiement que dans sa solvabilité notoirement accréditée.

C'est une supposition injurieuse au petit commerce, que celle qui veut ne trouver d'autre garantie de l'exécution fidèle de ses engagemens que dans la crainte de la privation de la liberté; l'honneur et la probité ne sont pas le partage exclusif des richesses. L'expérience de tous les jours nous apprend que ceux qui sont parvenus à les acquérir furent aussi les artisans de leur fortune; et que ce ne fut que parce qu'ils étaient honnêtes et probes, qu'ils trouvèrent le crédit à l'aide duquel ils ont vu prospérer leur commerce. Les mêmes effets sont toujours les résultats des mêmes causes; il faut donc admettre que l'honneur et la probité sont aujourd'hui comme ils étaient alors, les causes universelles du crédit et de la confiance; qu'on ne saurait les suppléer par le sentiment de la crainte de l'application d'une loi rigoureuse qui attacherait sa sanction aux obligations commerciales; et, sous ce dernier rapport encore, on devra reconnaître que la garantie de la contrainte est une garantie superflue.

CHAPITRE V.

Si le législateur croit devoir continuer en faveur de l'intérêt privé la concession de ce mode d'exécution forcée, l'exercice ne doit-il pas en être restreint entre négocians, et à raison seulement des engagemens commerciaux?

L'intérêt général devrait dominer sans cesse la pensée du législateur dans la confection des lois; et, s'il est toujours dangereux de le faire céder à celui des individus, il ne l'est pas moins de le sacrifier à celui d'une seule classe de citoyens qui est elle-même une individualité morale. La loi doit être le soutien de tous; elle doit régler les rapports individuels dans une telle proportion, que nul ne se trouve lésé dans la répartition de ses bienfaits... Qu'elle soit comme le palmier, qui nourrit également de ses fruits tous ceux qui se reposent sous son ombre!.. Elle cesse d'être juste, et elle n'accorde plus une égale protection à tous ceux pour qui elle est faite, si, dans certains cas et dans la vue d'assurer l'aisance de quelques uns, elle permet à ceux-ci de compromettre le bonheur et la liberté du plus grand nombre. C'est ce qui se vérifie à l'égard de l'homme peu fortuné que ses besoins forcent à user d'un crédit qu'il ne peut obtenir qu'en obligeant sa personne. La contrainte par corps, comme l'épée de Damoclès, menace constamment son existence. Le moindre retard dans l'accomplissement de ses obligations, occasionné par des empêchemens ou des malheurs imprévus, l'expose à subir cette rigueur dont peut user un créancier inflexible; et la crainte continuelle qui l'agite est souvent un obstacle à la prospérité de ses affaires, dans lesquelles il apporte un sentiment de timidité qui diminue sa confiance dans le succès de ses travaux et de ses entreprises.

Si les temps ne paraissent pas suffisamment propices pour couper dans sa racine un mal dont tous s'accordent à reconnaître l'existence; si l'on pense qu'une longue habitude de mettre à prix d'argent la liberté, que nos lois considèrent pourtant comme un bien inappréciable, soit un obstacle à l'abolition de celle qui l'offre en sacrifice à des intérêts pécuniaires blessés, il serait raisonnable de restreindre cette loi dans ses limites les plus étroites, et de n'en permettre l'application qu'à l'égard de ceux pour qui elle serait spécialement faite.

Si l'on veut absolument admettre l'existence d'une nécessité, que désavouent ceux qui sont mieux à même d'en juger; que la loi maintienne le privilége de la contrainte pour la garantie des transactions commerciales, mais qu'elle empêche qu'il puisse être usurpé au profit de l'usure...; que la liberté du citoyen, à laquelle il sera rarement porté atteinte entre les négocians qui honorent cette utile profession, continue d'être le prix des lettres de change, lorsque ceux qui les auront souscrites n'auront pas d'autres moyens de libération....; mais qu'il n'y ait, dans tous les cas, que les négocians qui soient soumis à la contrainte par corps, et jamais ceux qui n'ont point cette qualité.

Si la contrainte par corps doit être encore considérée comme une garantie nécessaire à la rapide circulation, et à la sûreté du paiement des lettres de change si utiles au commerce, pour lequel cette forme d'obligation a été inventée, que leurs effets soient toujours déterminés par la qualité de ceux qui y ont apposé leurs signatures, et non par le caractère extrinsèque d'une obligation de cette nature. Par ce moyen, on aura tari la source d'un abus trop long-temps toléré, et dont la pratique scandaleuse rend inutile la salutaire prohibition de se soumettre à la contrainte par corps, hors des cas extrêmement rares qui sont indiqués par la loi. Le principe du droit commun qui déclare illicite la soumission à cette contrainte pour les engagemens civils, ne doit pas cesser de produire son effet tutélaire, parce que cet engagement aurait été déguisé sous la forme d'une lettre de change, ou bien il faudra consentir à rendre la loi complice de la simulation, à en faire l'auxiliaire de l'usure, qui profite presque seule d'un privilége introduit en opposition au principe conservateur de la liberté individuelle, et qui ne devrait profiter qu'au commerce, en faveur duquel il a été créé. Il est une règle positive du droit, qui veut que, pour déterminer le caractère d'un acte, on s'arrête moins à sa dénomination qu'à sa vérité : ainsi les recueils de jurisprudence nous fournissent de nombreux exemples de donations déguisées sous la forme de ventes, pour éluder les dispositions du Code Civil qui interdisent aux père et mère la faculté de disposer de leurs biens au-delà de la quotité permise ; et les tribunaux ne manquent jamais de restituer leur véritable caractère à ces actes auxquels les parties intéressées avaient vainement voulu en donner un qui ne leur appartenait pas. Pourquoi la simulation obtiendrait-elle plus de succès, lorsqu'une obligation civile serait déguisée sous l'apparence d'une lettre de change?... Faudrait-il donc penser que la fortune des citoyens est d'un plus grand prix aux yeux du législateur, que leur liberté?... Loin de nous une pareille supposition ; et croyons plutôt, comme l'a dit un noble pair, que l'abus que l'on fait des lettres de change, et les idées que l'on se forme sur les effets qui leur sont indistinctement attribués, quels qu'en soient les signataires, sont une suite de l'espèce de respect superstitieux que l'on conserve pour ce genre d'obligation.

Mais ce respect, auquel conviendrait mieux sans doute le nom d'aveuglement, contre lequel la raison se révolte et qui blesse l'humanité, n'est que le fruit d'une erreur devenue intolérable dès l'instant qu'elle est connue, et un véritable préjugé auquel il n'est pas de la dignité de la loi de sacrifier. Que le mensonge ne soit plus accrédité comme une vérité, parce qu'il en aurait revêtu la couleur; qu'on cesse de pouvoir simuler avec fruit, sous l'apparence d'une lettre de change, une obligation qui, sous sa forme naturelle, n'eût point produit l'effet que lui attribue une dangereuse fiction, et la contrainte cessera d'être une prime pour l'usure d'une part, et pour la prodigalité de l'autre. Il n'y aura plus, comme on l'a déjà dit avant nous, de ces prêts scandaleux faits à des fils de famille mineurs, auxquels on fait souscrire des lettres de change dont la date est laissée en blanc et qu'on remplit lorsqu'ils ont atteint leur majorité. Ceux-ci ne pourront plus trouver à emprunter, et on aura tari la source qui alimentait leur goût pour la dissipation. Enfin, et puisque le commerce ne se fait qu'entre commerçans, il est conséquent de soutenir qu'il est absurde d'en permettre les actes à ceux qui ne le sont pas.

Il serait vainement allégué que, si l'on admet

une différence dans les effets des lettres de change entre les signataires négocians et ceux qui ne le sont pas, la difficulté que l'on éprouvera à faire cette distinction à la simple vue d'un de ces papiers qui se trouvera revêtu de plusieurs signatures, en rendra la négociation plus difficile et la circulation plus lente. Cette objection n'a pas même le faible mérite d'être spécieuse. Celui qui, le premier, recevra la lettre de change, saura nécessairement que le tireur est négociant, parce qu'il ne peut manquer de le connaître, et que ce n'est qu'en raison de sa qualité et de la confiance que sa probité et sa solvabilité lui inspireront, qu'il consentira à lui prêter son argent ou à lui livrer sa marchandise; et ceux qui, successivement, se chargeront du même papier, n'y seront déterminés à leur tour que par la connaissance qu'ils auront de quelqu'un des signataires, et parce que sa solvabilité ne sera point équivoque à leurs yeux, sans qu'ils cherchent à s'enquérir de celle des autres, et s'ils appartiennent ou non au commerce. Ce n'est pas le plus souvent le nombre des signatures dont un papier est revêtu qui en fait la valeur, quoiqu'elles puissent contribuer à lui donner du crédit, mais la confiance qu'inspire le nom de quelques uns d'entre les signataires. Ainsi donc l'inconvénient que l'on présenterait comme digne d'être pris en considération, n'existerait réellement pas.

Au reste, on peut ici, par analogie, tirer des inductions de ce qui a lieu à l'égard des lettres de change qui peuvent être réputées simples promesses, et des billets à ordre qui portent en même temps des signatures d'individus négocians et d'individus non négocians. Ces sortes d'effets ne sont-ils pas négociés, et reçus dans le commerce, avec la même facilité qu'une lettre de change régulière ?... Cependant, comme celle-ci, ils sortent du lieu où ils ont été créés ; ils sont envoyés au loin ; et il est tout aussi difficile alors d'en connaître tous les signataires, qu'il le serait de connaître tous ceux des lettres de change. Mais les signatures connues, et il en est toujours qui le sont, servent de passe-port et de garantie à celles qui ne le sont pas : et il n'y a pas d'exemple que la difficulté qu'il pouvait y avoir à connaître celles-ci, ou la crainte que la lettre de change pût être réputée simple promesse, aient jamais excité des appréhensions dans le commerce, ni fait obstacle à la rapide circulation des effets qui en facilitent les opérations.

Il en serait donc des lettres de change revêtues tout à la fois de signatures de négocians, et d'individus non négocians, comme de celles qui aujourd'hui peuvent être réputées simples promesses à l'égard de ces derniers, et comme des billets à ordre souscrits par les uns et par les autres. Les règles tracées par le Code de Commerce, dans ces deux cas, deviendraient applicables dans la nouvelle espèce; lorsque ce concours de signatures existerait, les signataires non négocians seraient justiciables des tribunaux de commerce, pour ne pas ralentir l'action des porteurs des effets qui feraient l'objet des poursuites; mais ils ne seraient point passibles de la contrainte par corps, à moins qu'il ne fût prouvé qu'ils se seraient engagés à l'occasion d'opérations de commerce. Cette preuve, ainsi que celle de leur qualité, en cas de contestation, seraient établies de la même manière que cela se pratique pour les billets à ordre. Ainsi tous les intérêts seraient respectés; celui des particuliers ne serait plus sacrifié au prétendu intérêt du commerce; et l'on n'aurait plus à déplorer l'abus qui se fait journellement de l'application de la contrainte par corps à ceux qui ne devraient pas en être atteints, et pour des actes auxquels cette sanction devrait être refusée.

CHAPITRE VI.

De la durée de l'emprisonnement pour dettes commerciales.

Ce n'est point parce que celui qui a été obligé de contracter des dettes pour alimenter son commerce est réduit à l'impuissance de les acquitter, que la loi peut permettre d'user envers lui d'une rigueur exorbitante du droit commun; et elle ne saurait vouloir que l'infortune conduise nécessairement à la captivité.

Ce n'est point non plus d'après l'importance de la somme qui est due, que doit être calculé le temps pendant lequel le débiteur pourra être privé de sa liberté à défaut d'autres moyens de libération.

La loi serait injuste si elle refusait sa protection au malheur, si elle le confondait avec le vice. Elle agirait sans discernement, si elle déployait la même sévérité dans les réparations qu'elle accorderait pour le préjudice résultant de l'erreur ou de l'imprudence, et pour celui qui serait la conséquence d'une faute grave ou d'un dol caractérisé. Elle consacrerait une sorte de matérialisme rationnel, si elle n'appelait les tribunaux qu'à constater le fait de non paiement, et à faire machinalement l'application d'une peine uniforme pour tous les cas, ou si elle voulait établir un équilibre mathématique entre une somme prêtée et que le débiteur ne rendrait pas, et un temps de détention plus ou moins prolongé, selon que cette somme serait plus ou moins considérable.

L'impuissance de payer, qu'il ne faut pas assimiler au refus que ferait celui qui ne serait pas dénué des moyens de se libérer, entraîne une présomption de culpabilité contre le débiteur, fondée sur une espèce de fraude de sa part. Il est réputé n'avoir pas été de bonne foi, lorsqu'il emprunta un argent qu'il n'avait pas la certitude de pouvoir rendre; et c'est cette présomption qui motive l'application de la peine de l'emprisonnement à laquelle la loi le soumet. Mais les circonstances peuvent être telles que le soupçon de culpabilité qui s'élevait contre lui s'évanouisse; et qu'on n'ait à lui reprocher qu'une légère imprudence, ou qu'on ait à déplorer avec lui des pertes qu'il aura essuyées, et qui l'auront privé des ressources sur lesquelles il comptait pour remplir ses obligations. Il y aurait de l'inhumanité à le traiter, dans ce cas, avec la même sévérité que celui qui n'aurait fondé l'espoir de sa libération que sur une possibilité chimérique, ou sur des probabilités qui méritaient peu de confiance. De même, il y aurait de l'injustice à déployer une égale rigueur à l'égard de ce dernier comme à l'égard de celui qui ne feindrait une impuissance de payer que pour s'enrichir au détriment de son créancier.

Il serait donc à propos d'admettre un système de gradation dans la durée de l'emprisonnement du débiteur : mais cette gradation devra être déterminée par des considérations toutes morales. Celles résultant de l'importance de la somme due ne devront être que d'un léger poids dans la balance. Un tarif de la liberté individuelle serait à la fois une chose absurde, et dégradan l'humanité. Comment, en effet, évaluer à pri d'argent le seul bien inappréciable dont il soi donné à l'homme de jouir ; et comment établi une relation exacte entre une somme déterminé et la valeur de la durée de temps pendant laquelle il serait permis de le retenir en captivité?.. Comment concevoir raisonnablement qu'une légère fraction, en plus ou en moins, pût le fair retenir en prison pendant un espace plus o moins long ?... Et puis si, par une aussi étrang aberration, on pouvait vouloir assimiler la libert à une marchandise; de même que la valeur d celle-ci varie selon qu'elle est d'une qualité supérieure ou d'une qualité inférieure, de mêm il faudrait établir un *maximum* et un *minimur* de valeur de celle-là, eu égard aux différente classes de la société auxquelles appartiennent les individus. Il faudrait calculer la durée de la détention en sens inverse de l'élévation des degrés dans lesquels ils se trouveraient placés sous les rapports de la naissance, de l'éducation, des richesses, etc....; car on ne refuserait pas de reconnaître, comme l'observation en a été faite à la Chambre des Pairs, que, chez ceux qui font partie des basses classes, un emprisonnement prolongé ne produira qu'un effet tout matériel, et froissera moins leurs intérêts; tandis qu'une courte détention produira, sur ceux des classes élevées, un effet moral auquel sa durée n'ajouterait rien, et portera toujours un préjudice sensible à leur existence sociale.

Telles sont les conséquences auxquelles entraînerait l'idée de balancer une somme d'argent par une valeur fictive et correspondante, attachée à un certain temps de privation de la liberté.

S'il est permis de blesser les lois de la nature et de la morale pour satisfaire encore au préjugé qui abaisse la dignité de l'homme en faisant de sa personne le gage d'une misérable somme d'argent, qu'il soit du moins observé à l'égard du malheureux débiteur les mêmes règles de justice dont il est usé à l'égard de celui qui a blessé la société tout entière par le délit dont il s'est rendu coupable!.. Qu'on apprécie sa bonne ou sa mauvaise foi, le degré de gravité de sa faute ou de son imprudence ; qu'il ne subisse la dure loi de la contrainte qu'autant que le juge estimera qu'il en a mérité l'application, et pendant le temps qu'il croira devoir assigner à sa captivité, eu égard aux circonstances!....

La loi, comme en matière de délits, devra fixer le plus long terme de la détention ; mais, par une conséquence du vœu que nous venons d'émettre, laisser à la sagesse des tribunaux la faculté d'en abréger la durée. Après avoir fait au préjugé sous l'influence duquel elle a pris naissance l'odieuse concession dont l'humanité s'afflige, elle doit aussi concilier avec ses rigueurs tout ce que l'exacte justice réclame. Ainsi, dans la fixation de ce plus long terme, elle n'omettra pas de prendre en considération que la prolongation de la captivité du débiteur aggrave de jour en jour sa position en augmentant sa dette par l'accumulation des intérêts, et par la somme mensuelle que le créancier est obligé de lui fournir à titre d'alimens ; qu'elle nuit essentiellement aux moyens industriels du détenu, par l'interruption qu'elle apporte dans ses relations ; et que, par cette augmentation incessante de la dette, par l'obstacle invincible que le débiteur éprouve à se livrer à ses travaux ordinaires et à en recueillir le fruit, elle lui rend de plus en plus difficiles les moyens de se libérer.

Ces différentes considérations, puisées dans la nature même des circonstances inséparables de l'emprisonnement, feront sentir la nécessité d'en assigner le plus long terme à un temps fort limité, soit qu'on veuille n'y voir qu'une épreuve, un moyen de coaction employé à l'égard du détenu, pour le forcer à faire connaître ses ressources véritables, qu'il serait supposé vouloir soustraire à ses créanciers; soit qu'on lui attribue le caractère de pénalité, qu'il est difficile de refuser à la plus dure des privations qui puissent être imposées à l'homme. Comme *épreuve*, s'il n'a pas produit son effet dans les premiers temps où le détenu est plus vivement affecté des maux et des douleurs attachés à la captivité, il faut tenir pour certain, ou que celui-ci est réellement dans l'impuissance de racheter sa liberté et d'obtenir aucun secours de ceux qui tiennent à lui par les liens du sang ou de l'amitié, ou qu'il préfère le sacrifice de sa liberté pendant un temps déterminé à celui de son argent : et, dans l'un comme dans l'autre cas, la prolongation de sa détention ne saurait faire espérer un résultat avantageux pour le créancier incarcérateur. Comme *peine*, il y aurait de l'injustice à étendre la durée de l'emprisonnement, pour un fait qui n'est point rangé dans la classe des délits, au plus long terme assigné pour la punition de ceux-ci; et l'on sait qu'à leur égard le *maximum* n'est que de cinq ans pour les cas les plus graves. Il doit nécessairement y avoir une différence dans les effets, lorsqu'il en existe une aussi grande dans les causes. L'homme malheureux, celui qui ne fut qu'imprudent, celui qui n'a lésé que des intérêts privés, ne doivent point être traités avec autant de rigueur que l'individu qui s'est rendu coupable d'un délit : ils ont d'autant plus de droit à l'indulgence de la loi, que le créancier a voulu courir les chances auxquelles il s'est exposé, et qu'il n'est point exempt de son côté du reproche d'imprudence ou d'une trop grande confiance témérairement accordée.

CHAPITRE VII.

Des alimens à fournir par le créancier incarcérateur à son débiteur incarcéré.

Par une conséquence de l'étrange aberration qui fait confondre les personnes avec les choses, et qui donne au créancier le singulier privilége de s'emparer de son débiteur comme d'un gage pour être payé de sa créance, on a dû être conduit à faire aux individus l'application des règles qui déterminent les effets des obligations imposées au détenteur du gage, pour empêcher le dépérissement de l'objet qu'il détient à ce titre. Ainsi, et par la même raison que celui-ci est tenu de prévenir par ses soins la perte ou la détérioration du meuble qu'il a reçu en garantie de sa créance, la loi le soumet à faire la dépense des sommes nécessaires à la conservation de l'individu dont elle lui accorde l'odieuse possession en vue de son paiement.

Il serait difficile de se dissimuler combien ce rapprochement choque les premières notions des principes du droit, qui établissent une juste distinction entre les personnes et les choses; mais il n'est pas possible de déguiser les funestes effets d'une erreur consacrée par la loi elle-même. Si la raison s'en indigne, elle doit cependant se soumettre à l'autorité qui lui commande l'obéissance.

Toutefois, avant d'appartenir à son créancier, le malheureux débiteur s'appartient à lui-même, il appartient à sa famille, dont il est le soutien; il appartient à la société, à laquelle il doit le tribut de ses services. Les choses devraient donc être ordonnées de manière qu'il trouvât dans sa captivité les secours qu'il eût pu se procurer par son travail et par son industrie, pour soutenir son existence dans son état de liberté. Sa famille, à laquelle il est ravi, ne devrait pas se trouver exposée à mourir de faim ou à solliciter le pain de la charité. La société, dont il est séquestré pour satisfaire un misérable intérêt privé, devrait espérer de recouvrer en lui, lorsqu'il lui sera rendu, non un membre inutile, exténué par le besoin, ou affaibli par les maux qu'il aura soufferts, mais un homme actif et capable encore de la servir utilement.

Mais qu'il y a loin de ce que l'humanité et la justice commandent d'accorder au malheureux détenu pour dettes, avec ce qu'il lui est permis d'obtenir de son créancier !.... La loi lui donne droit à des alimens, dont celui-ci est obligé de faire l'avance pendant tout le temps qu'il lui plaira de prolonger sa détention; mais ces alimens sont réglés avec une telle parcimonie qu'il trouve à peine dans le prix qui en est la représentation de quoi se procurer une chétive nourriture, peu propre à réparer ses forces altérées par ses souffrances physiques et morales, et par le genre de vie inusité auquel il est tout à coup condamné. La détention ne pouvant avoir lieu que dans des prisons établies sous la surveillance de l'autorité publique, c'est là qu'il trouve un asile aux frais de l'État, où il est mis à l'abri des injures de l'air, mais où il éprouve en entrant la privation des objets les plus indispensables. Renfermé entre quatre murs, dans un étroit réduit, ses yeux y cherchent en vain la chaise dont il a besoin pour s'asseoir ; il ne l'obtient qu'à prix d'argent, ainsi que le misérable coucher qu'on ne refusa jamais au plus coupable d'entre les condamnés.

La fixation des alimens à la somme de *vingt francs* par mois date d'une époque reculée, à laquelle la valeur du marc d'argent qui lui servit de base était de plus d'un tiers inférieure à celle qu'il a acquise de nos jours. Cette fixation a donc subi par le fait une progression décroissante; elle n'est plus en harmonie avec le tarif sur lequel elle fut calculée; et elle présente une disproportion bien plus choquante, si on la met en parallèle avec le prix des denrées de première nécessité, comparé à celui auquel elles se vendaient alors.

Le besoin de la porter à un taux plus élevé se fait sentir depuis long-temps; l'humanité le réclame d'une manière pressante. L'homme doit trouver à vivre, quelle que soit la position dans laquelle il est placé par les circonstances. La société prend soin de fournir à la subsistance de ceux que leurs méfaits la force à retrancher de son sein; l'indigent trouve une ressource assurée dans la bienfaisance de ses semblables; le détenu pour dettes devrait-il donc rester seul exposé aux horreurs de la faim et de la misère ?... Tel est cependant le sort qui lui serait réservé, si l'on considère l'exiguité des moyens qui lui sont donnés pour fournir à ses premiers besoins. En effet, la somme mensuelle de *vingt francs*, qu'il reçoit à titre d'alimens, ne lui permettrait pas d'étendre sa dépense quotidienne au-delà de 66 centimes $\frac{20}{30}$, si elle lui était comptée intégralement; et déjà l'on est forcé de reconnaître combien elle est au-dessous de ce qu'il lui faudrait pour s'acheter une nourriture suffisante. Mais sa misère excitera une vive compassion, lorsqu'on saura qu'à Paris, par exemple, cette somme subit un retranchement forcé, par la retenue qui y est faite de 4 francs 95 centimes par mois, pour la location du mobilier mesquin qui garnit sa chambre (1).

(1) Nous avons jugé convenable de donner ici l'état de ce mobilier, et de mettre en regard le prix qui est exigé par

Cette réduction, qui est énorme, eu égard à la modique somme sur laquelle elle est opérée, est augmentée encore par des contributions arbitraires qu'il doit se résigner à acquitter, s'il ne veut s'exposer à mécontenter ceux au profit de qui elles tournent (1). Elle est augmentée, enfin,

---

jour pour sa location, en vertu d'un arrêté du ministre de l'intérieur du 4 novembre 1820.

1°.	Un lit de sangle	1 centime.
2°.	Un matelas	3 cent. ½.
3°.	Une couverture	2
4°.	Une paire de draps	5
5°.	Un traversin	1
6°.	Un oreiller	1
7°.	Une taie d'oreiller	1
8°.	Une table	1
9°.	Une chaise	1
		16 cent. ½.

Ce qui fait pour le mois 4 francs 95 centimes. Mais ce retranchement n'est point uniforme partout; il varie selon les localités; et il est des lieux, comme à Versailles, où il s'élève à 10 francs par mois.

(1) C'est le pompier, déjà salarié pour amener l'eau dans les cours de la prison, qui, à la fin de chaque mois, se tient à la porte du local où se fait la paie des alimens, et tend sa sebile aux prisonniers pour obtenir d'eux une gratification, qui est toujours au moins de 5 *centimes*. — C'est le garçon du corridor, qui, chaque fois qu'il est employé pour les appeler lorsqu'ils sont demandés au greffe de la geole ou par des visiteurs, provoque une récompense pour ce service,

par divers autres objets de menues dépenses fréquemment répétées, et qu'il ne peut se dispenser de faire (1); de sorte qu'en définitive le malheureux détenu voit réduire à quatorze francs environ les vingt francs qui lui sont alloués par la loi, ce qui lui laisse à peine *quarante-sept centimes* disponibles par jour, tandis qu'une somme double de celle qui lui reste ne lui suffirait point encore pour fournir aux objets de première nécessité que l'on comprend, dans le langage légal,

---

qu'il est cependant obligé de faire, et obtient ordinairement 5 *centimes*, indépendamment de la tournée qu'il fait dans les chambres à la fin du mois, pour inviter ceux qui les habitent *à ne pas l'oublier*; souvenir qui leur coûte à chacun habituellement 10 *centimes*. — C'est la visite du jour de l'an par les gardiens de la maison, dont l'objet n'est pas seulement de présenter un stérile compliment, mais d'obtenir, à la faveur de formes obséquieuses, le prix des complaisances qu'ils ont eues dans le courant de l'année.

On peut, sans exagération, évaluer ces diverses espèces de contributions, en en faisant une répartition approximative, à 50 *centimes* par mois.

(1) Il n'est pas de détenu qui n'ait une correspondance obligée pour ses affaires; et c'est apporter beaucoup de modération que de fixer aussi à 50 *centimes* par mois ce nouvel article de dépense.

Ce dernier objet réuni au montant des contributions forcées levées sur le détenu, et à la retenue qui lui est faite pour la location du mobilier, il en résulte une diminution de 6 francs par mois au moins sur le montant de ses alimens.

sous la dénomination *d'alimens*. On doit entendre par cette expression tout ce qui est indispensable à l'existence de l'homme, non seulement un asile et une nourriture suffisante, mais encore l'ameublement nécessaire pour garnir cet asile, et les moyens de préparer cette nourriture; les vêtemens pour se couvrir, le bois pour se chauffer pendant les rigueurs de l'hiver, la chandelle pour s'éclairer, le blanchissage et l'entretien du linge à son usage. Le créancier qui se donne la barbare satisfaction de faire incarcérer son débiteur, ne doit pas pouvoir y ajouter encore le plaisir atroce de laisser sa victime manquer de ce qui forme les élémens de la vie. Si les intérêts du premier veulent qu'il soit usé d'une sage économie à son égard, l'humanité exige que l'on fasse jouir le second de ce qu'on ne peut lui refuser sans blesser ses lois. Elles seront consultées par le législateur dans sa juste sollicitude pour les infortunés sur lesquels nous appelons tout son intérêt: il se pénétrera de leurs besoins, auxquels leur position les met dans une incapacité réelle et absolue de procurer le moindre soulagement; et il déterminera les obligations du créancier d'après des bases plus larges et plus justes tout à la fois. Le détenu pour dettes ne doit pas se flatter de trouver l'aisance dans la maison de la gêne, mais la loi ne doit pas permettre que les peines inséparables de sa captivité soient aggravées encore par les privations les plus dures.

La disposition par laquelle elle prescrit la consignation des alimens pour un mois, et par avance, manifeste sa prévoyance et cet esprit de sagesse qui tempère toujours ses plus grandes rigueurs. Il est naturel qu'en entrant dans sa prison, le débiteur trouve à y subsister aux dépens de celui qui l'y fait renfermer; s'il ne peut plus gagner sa vie, il est juste qu'il y soit immédiatement pourvu par celui qui lui en ôte les moyens en le privant de la liberté; mais cette disposition salutaire est impunément violée à Paris par l'autorité elle-même à qui l'exécution en est confiée, et elle a dû céder au régime réglémentaire (1). L'intention qui a dicté ce réglement peut offrir quelque chose de spécieux en soi; mais elle n'est pas moins blâmable, puisqu'elle fait substituer l'arbitraire à la volonté suprême devant laquelle toutes les volontés individuelles doivent fléchir. Au lieu de délivrer au détenu la somme entière qui est consignée par le créancier, on ne la lui compte que par parcelle; au lieu de la recevoir par avance et à l'instant même où il est écroué, comme la loi l'a voulu, il ne l'obtient que tous les trois jours et à terme échu, parce que ce ré-

(1) Arrêté du ministre de l'intérieur du 4 novembre 1820.

glement en fixe ainsi la répartition sur le fondement qu'il faut prévenir l'emploi indiscret que le prévenu pourrait en faire, et un funeste penchant à la prodigalité. En attendant, il faut qu'il se résigne à souffrir de la faim, s'il n'est muni de l'argent nécessaire pour fournir à ses besoins jusqu'au jour de la *paie;* ou s'il n'est secouru, dans son état de dénûment, par ses compagnons d'infortune. Ainsi, sous le prétexte de vouloir être plus sage et plus prévoyant que la loi, s'introduisent les abus d'autant plus difficiles à déraciner qu'ils se fortifient par une longue pratique. Il suffira sans doute d'avoir signalé celui-ci pour obtenir sa réformation, et pour qu'il soit pris des mesures propres à empêcher qu'il se reproduise à l'avenir.

Mais il en est un bien plus grave, et qui mérite de fixer, d'une manière plus particulière encore, l'attention du législateur. Il prend sa source dans la facilité avec laquelle le premier venu est admis à continuer la consignation des alimens, pourvu qu'il soit porteur de la dernière quittance qui en a été donnée par le gardien (1). Il n'est

---

(1) Cet usage vicieux, et évidemment contraire au vœu de la loi, s'est introduit en vertu d'une décision de monseigneur le garde des sceaux, transmise au directeur de la maison de détention de Sainte-Pélagie, le 7 septembre 1826, par M. le procureur du Roi près le tribunal de première instance de la Seine.

pas sans exemple qu'elle ait été effectuée à l'insu du créancier par un agent subalterne qui y avait été employé une première fois, et dont l'empressement à prévenir les volontés de son maître lui a fait exécuter par anticipation un ordre qu'il n'aurait pas reçu. On connaît même à Sainte-Pélagie de malheureux débiteurs dont les alimens ont été consignés sous le nom de créanciers décédés, et plusieurs mois après la mort de ceux-ci, par des *hommes d'affaires* à qui les héritiers n'en avaient point donné le mandat; et ces infortunés sont ainsi restés les victimes d'un zèle indiscret, ou d'inimitiés personnelles qu'un funeste hasard aura favorisées.

L'obligation que la loi impose aux créanciers incarcérateurs de fournir des alimens aux débiteurs incarcérés est une obligation qui doit être toujours inséparable de la qualité de créancier, comme l'odieux privilége dont elle est une rigoureuse conséquence. Elle doit donc être toujours accomplie par eux, ou en vertu d'un acte authentique dans lequel on puisse avoir la preuve qu'ils persistent dans la cruelle volonté de prolonger la captivité de leur débiteur. Il importe, dans ce dernier cas, que le mandat de consigner qu'ils peuvent donner à un tiers fasse l'objet d'une procuration spéciale; et qu'elle soit passée dans la forme authentique pour prévenir la fraude qui pourrait être commise à la faveur d'une procuration sous signature privée, dont rien ne justifierait la vérité aux yeux du gardien ou geolier en mains de qui la consignation se fait. Ce n'est que par la stricte observance de cette mesure qu'on pourra s'assurer que la consignation des alimens procède du fait des créanciers eux-mêmes; qu'elle est l'effet de leur volonté spontanée et non d'une volonté étrangère. Si la loi exige un acte authentique, ou l'intervention du créancier en personne, lorsqu'il s'agit de l'élargissement du débiteur par le consentement de ce dernier (1); pourquoi n'exigerait-elle pas cette intervention ou un acte dans cette forme, lorsqu'il s'agit d'accomplir la condition à laquelle est subordonnée la continuation de la détention du débiteur?...

Il importe encore que cette consignation n'ait lieu que pour un mois, et jamais pour un plus long terme. Il est digne de la sagesse du législateur de chercher à prémunir le créancier, autant dans son intérêt qu'en considération du débiteur, contre un premier mouvement d'irritation que la réflexion peut calmer. Il est prudent de le priver des moyens de céder avec trop de précipitation à son ressentiment, et de l'obliger à prendre le temps de consulter sa raison et d'écouter la voix de l'humanité, à laquelle il faut supposer qu'il peut n'être pas entièrement sourd.

---

(1) Art. 801 du *Code de Procédure civile.*

La contrainte par corps est un mode d'exécution assez rigoureux pour qu'on l'entoure de beaucoup de précautions, et même de difficultés tellement grandes qu'on puisse se flatter d'en rendre l'exercice extrêmement rare. Ce n'est qu'alors qu'elle cessera d'être un moyen favorable à l'usure, et la personne du débiteur un objet de spéculation pour les usuriers. Il faut que le créancier irrité n'y trouve plus un moyen simple et facile de satisfaire une vengeance aveugle. Il faut enfin que le déplorable sacrifice de la liberté soit réglé avec une telle sévérité, que l'on ne puisse pas être induit à penser que la loi se montre insouciante sur l'accomplissement des formalités dont l'observation est prescrite à l'homme qui se détermine à user du droit d'en retenir un autre captif.

CHAPITRE VIII.

De la contrainte par corps en matière civile, et de la durée de l'emprisonnement pour dettes civiles.

Si la célérité nécessaire dans les transactions commerciales est un motif qui doive déterminer à maintenir la contrainte par corps, comme offrant la garantie la plus efficace de leur prompte exécution ; s'il ne faut rien moins qu'une *nécessité* aussi impérieuse pour conserver, au milieu de notre civilisation, une loi qui nous rappelle les temps de la barbarie, il est permis de se demander comment, en l'absence d'un tel motif et de cette *nécessité* toute spéciale, ce mode rigoureux d'exécution a pu être admis dans notre législation civile épurée de tous les restes de l'antique servitude de nos pères, des odieux priviléges de la féodalité, de toutes les absurdités des vieilles coutumes auxquelles a été substitué le bienfait d'une législation raisonnable et uniforme ?..... comment ce déplorable effet d'une cause prétendue irrésistible a pu être attribué à des causes moins pressantes, et qui ne réclamaient pas la même faveur ?....

Croirait-on avoir suffisamment justifié le sacrifice de la liberté individuelle, exigé comme sanction d'une certaine nature d'obligations, en alléguant encore ici l'usage fortifié par le temps?..... Mais un long usage avait aussi consacré le droit de main-morte, le vasselage, les corvées, et une multitude d'autres droits remontant à une haute antiquité. Le même motif de respect pour d'anciennes institutions aurait donc dû porter à les faire revivre aussi malgré leur incohérence avec nos mœurs actuelles, qui ne sympathisent pas mieux avec l'odieuse contrainte par corps.

Dira-t-on, et c'est ici le motif le plus spécieux qui puisse en être donné, que la contrainte est attachée à de certaines obligations civiles, en haine de la fraude et de la mauvaise foi qui les caractérisent?..... qu'elle est une espèce de pénalité, une disposition quasi correctionnelle appliquée à une sorte de délit?..... Notre raison ne se refusera pas à reconnaître que de tels actes qui causent à autrui un préjudice réel, doivent faire encourir à leur auteur l'animadversion de la loi. Mais, dans ce cas, la contrainte doit être considérée non seulement comme étant établie uniquement en vue de l'intérêt privé, et pour assurer à celui qui a souffert du dol et de la mauvaise foi d'un autre la réparation du dommage qui lui a été causé, mais encore dans l'intérêt général de la société, pour assurer la vérité et l'inviolabilité des transactions : et l'emprisonnement est alors moins un moyen de coaction comme on voudrait en vain le persuader, qu'un véritable châtiment infligé à celui qui a pratiqué la fraude.

La distinction qu'on voudrait établir ici entre les délits et les quasi-délits, celle à la faveur de laquelle on voudrait présenter la contrainte par corps appliquée aux quasi-délits comme n'étant pas une peine, satisfont peu le jugement. Elles n'offrent rien de bien réel; l'esprit n'y découvre qu'une pure subtilité du droit. Elles ne seront surtout jamais senties par le contraignable, qui ne verra aucune différence entre la détention qui est la conséquence de sa faute, et la détention infligée en vertu de la loi pénale, puisqu'elles aboutissent l'une et l'autre au même résultat matériel. Il est donc plus naturel d'apprécier par ses effets le caractère qui lui appartient réellement, que de leur attribuer une cause de pure convention et qu'ils démentent évidemment. On doit donc admettre comme une vérité constante et qui tombe sous les sens, que la contrainte par corps est la punition d'un acte préjudiciable à autrui. Dès-lors l'exacte justice commande d'en faire l'application avec mesure, et eu égard au plus ou moins de gravité des circonstances, qui varient nécessairement, suivant la nature des obligations qui y donnent lieu. Quel que soit le tort du débiteur, il conserve encore des droits à la compassion parce qu'il est malheureux ; il y aurait un trop grand excès de dureté à permettre que son créancier pût le retenir captif pendant un temps indéterminé, et à ne lui offrir en perspective d'autre terme à sa détention que celui de sa vie.

En déclarant la contrainte par corps applicable, dans certains cas, en matière civile, la loi a consacré un principe sévère : et l'emprisonnement qui en est la suite nécessaire n'est que la peine attachée par elle à l'abus de confiance dont l'homme s'est rendu coupable ; au dol et à la fraude pratiqués dans les actes qui y donnent lieu ; à la résistance apportée par les injustes détenteurs de la propriété d'autrui aux mandemens de la justice qui en ordonnent le délaissement au profit du véritable propriétaire ; au refus d'obéir aux jugemens qui prononcent des condamnations à des amendes ou à des dommages-intérêts.

En permettant qu'elle fût stipulée par les fermiers, dans les actes de bail, comme une plus sûre garantie du paiement des fermages des biens ruraux, le législateur a trop cédé à l'influence du privilége de la propriété sur celui qui la fertilise de ses sueurs. Son équité a fléchi devant l'intérêt du propriétaire, qui dominait sa pensée ; et il a introduit une exception funeste et difficile à justifier par des raisons solides, au principe général qui défend à l'homme d'engager sa liberté.

Mais plus la loi se montrait rigoureuse dans les cas particuliers et spéciaux qu'elle a indiqués, plus le sacrifice qu'elle permet de faire à l'intérêt privé était grand, et plus elle devait se montrer soigneuse de limiter la durée de la peine dont elle ordonne l'application pour les cas où elle présume que la mauvaise foi est flagrante, qu'elle autorise pour ceux où l'obéissance est refusée aux jugemens des tribunaux, et dont elle tolère la stipulation dans d'autres. Il ne suffisait pas de dire que la contrainte par corps serait ou pourrait être appliquée dans les premiers, et qu'on aurait la faculté de la stipuler dans les seconds, il fallait encore qu'elle en réglât les effets au lieu de laisser ce soin important au bon plaisir des parties intéressées, ou à l'arbitraire des tribunaux, dont la discussion qui a eu lieu à la Chambre des Pairs nous a révélé la funeste erreur de leur jurisprudence; erreur d'autant plus déplorable que plusieurs en sont encore les victimes, en attendant le bienfait d'une loi nouvelle qui vienne mettre un terme à leur trop longue captivité

Cette loi réparatrice, dont le besoin est si vivement senti, devra coordonner le système de la contrainte personnelle avec les principes immuables de la justice, qui ne permet pas de confondre et de traiter avec la même sévérité l'imprudence et la mauvaise foi. Si elle se montrait aussi rigoureuse, si elle frappait également et sans distinction dans tous les cas où la contrainte peut être exercée, si elle restait toujours inflexible, elle deviendrait souvent inique dans l'application qui en serait faite. Qu'elle fixe le *maximum* et le *minimum* du temps de la détention; mais qu'elle confie à la sagesse du juge la graduation de sa durée, eu égard à l'intention du coupable et aux nuances de la culpabilité.

Il y aurait injustice à appeler sur chacune des causes qui regardent les dettes civiles la même épreuve pénale. La loi manquerait de sagacité et de mesure, si elle déployait la même rigueur à l'égard de la caution judiciaire et à l'égard du stellionataire ; pour la violation du dépôt nécessaire, et pour le délaissement d'un fonds; pour la représentation des objets confiés à la garde des dépositaires publics, et pour une restitution de fruits ou pour le paiement de dommages-intérêts; pour forcer le fermier à payer le prix de ses fermages, et pour obtenir du consignataire la restitution des deniers consignés en ses mains. L'indication de ces divers cas, qui offrent entre eux une différence sensible, suffit déjà pour faire sentir la nécessité d'en établir une aussi dans la peine.

Le *stellionat*, que l'on pourrait s'étonner de ne point trouver classé dans le nombre des délits, est, de tous les faits de l'homme qu'elle qualifie quasi-délits, celui où la mauvaise foi est le mieux caractérisée. Il est ordinairement le produit d'une volonté réfléchie; et il répugne à la raison d'admettre la supposition d'erreur de la part de celui qui, ayant déjà vendu un immeuble, ou le sachant grevé d'hypothèques, trompe par une fausse déclaration un second acquéreur, ou celui de qui il emprunte de l'argent. Toutefois ce fait, quelque grave qu'il soit, ne l'est pas tellement qu'il doive faire encourir la peine d'un emprisonnement perpétuel à son auteur, s'il est dans l'impossibilité de désintéresser celui qu'il a trompé : tandis que la durée de la détention du voleur le plus audacieux est limitée à cinq ans...... Que la loi use envers lui d'une grande rigueur ; qu'elle assigne à une époque éloignée le terme de sa captivité, lorsqu'on ne peut espérer de lui d'autre réparation du préjudice qu'il a causé; mais qu'elle fixe ce terme, qu'il y aurait de l'inhumanité à laisser à l'arbitraire du créancier...... Il y a une excessive dureté et une suprême injustice à placer un homme, quel qu'il soit, dans la dépendance d'un autre homme. — Si celui qui subit une juste punition légalement prononcée n'est plus lui-même qu'un homme malheureux aux yeux de ses semblables, qu'un sentiment de commisération intéresse naturellement à son sort, que sera-ce de celui dont le châtiment n'est réellement plus qu'un acte de vengeance prolongée?... Celui qui en est l'objet s'en irrite, et il excite un sentiment d'indignation chez ceux qui en sont les témoins.

Mais le stellionataire lui-même peut être encore digne de quelque indulgence, et les circonstances qui ont déterminé son action peuvent être telles qu'il puisse y trouver des motifs plausibles d'excuse. La loi, qui ne préjuge jamais la conduite des individus, doit toujours en laisser l'appréciation aux tribunaux; son application ne doit pas être, de la part de ceux-ci, un acte purement matériel; et, pour qu'elle soit faite avec justice, il faut qu'en jugeant le fait ils aient aussi égard à l'intention. Puisque les causes de la contrainte par corps, en matière civile, sont toutes fondées sur une présomption de fraude et de mauvaise foi; il faut, de nécessité, que la fraude et la mauvaise foi soient prouvées contre l'individu qui en est prévenu, pour que la contrainte puisse être justement prononcée contre lui.

On peut, avec fondement, en réputer coupable celui qui n'a pas conservé le dépôt nécessaire qu'on a été forcé de lui confier par quelque accident ou par un événement imprévu; les officiers publics qui ne représentent point les actes de leur ministère, lorsqu'ils leur sont légalement demandés; ceux qui ne rendent pas les choses commises à leur garde, ou les deniers consignés entre leurs mains; ceux qui abusent de la confiance obligée qui leur est accordée à raison de leurs fonctions, pour retenir des titres ou des sommes d'argent qu'ils auraient reçus de leurs cliens; enfin, le colon partiaire qui retient à la fin de son bail les bestiaux, les semences, et les objets qui lui avaient été remis à ce titre. — Mais on ne peut leur assimiler l'homme qui, par un sentiment d'obstination blâmable, sans doute, refuse d'obéir au jugement qui lui ordonne de délaisser un fonds dont il s'était emparé; celui qui n'exécute pas la condamnation qui le soumet à une restitution de fruits, au paiement d'une amende ou à des dommages-intérêts; les cautions judiciaires, et celles des contraignables par corps; le fermier qui est en retard de payer le prix de ses fermages. — Les obligations des uns ne présentent aucune analogie avec celles des autres.— Une grave présomption pèse contre les premiers. On est naturellement porté à croire qu'il dépendait d'eux de conserver intact le dépôt qui leur était confié; qu'ils ont à s'imputer de l'avoir violé, ou de ne l'avoir pas assez soigneusement conservé. Ils peuvent ne présenter dans leur solvabilité qu'une garantie illusoire; une réparation d'une autre espèce est due, dans ce cas, à l'individu lésé, et la société réclame un exemple dans l'intérêt général. Mais la satisfaction à accorder doit toujours être proportionnée au préjudice causé; et la durée de la captivité du débiteur ne doit jamais pouvoir excéder celle qui est assignée à la détention prononcée par la loi pénale en matière de délits. Le dépositaire, même infidèle, ne doit jamais pouvoir être puni plus sévèrement que ne l'eût été celui qui lui eût volé l'objet déposé. La peine doit aussi pouvoir être modérée par le juge, qui pèsera dans sa conscience les justes motifs de la modération qu'il y apportera.

Les seconds, au contraire, méritent plus de faveur. La présomption de mauvaise foi ne s'élève pas nécessairement contre eux. Un homme peut devenir insolvable sans qu'on ait aucun tort à lui reprocher : il y aurait une rigueur blâmable à augmenter son infortune par la privation de sa liberté. L'application de la contrainte par corps ne doit donc être que facultative à leur égard; et elle devra leur être faite d'autant plus rarement que l'homme condamné civilement à une restitution de fruits, à des dommages-intérêts, la caution judiciaire, et le fermier surtout, ne diffèrent pas dans leurs obligations des débiteurs ordinaires, et que le débiteur de l'État, pour une amende qu'il aurait encourue, ne diffère en rien du débiteur envers les particuliers.

De ce qui vient d'être dit, suit la nécessité de former diverses catégories des contraignables en matière civile; quel que soit le rapport sous lequel on voudra envisager la contrainte, comme peine ou comme moyen de coaction. Dans l'un comme dans l'autre cas, le juge devra considérer essentiellement, en en faisant l'application, le plus ou moins de gravité du préjudice, et la mauvaise foi du débiteur, qui devront aussi influer sur la fixation du temps de la détention. Comme peine, sa durée ne devra jamais être plus longue que celle qui est infligée aux délits. Comme épreuve, ou moyen de coaction employé pour faire connaître les ressources cachées du débiteur, elle devra être sagement calculée, et de manière à atteindre ce but sans qu'il puisse être reproché à la loi de n'être qu'un instrument de vengeance pour le créancier.

CHAPITRE IX.

De la contrainte par corps contre les étrangers.

La nécessité de rapprocher les peuples, qui ne trouvent déjà que trop de causes d'éloignement dans la diversité de leurs gouvernemens, est une vérité morale et politique tout à la fois, qui ne peut rencontrer de sérieux contradicteurs. Ce n'est que par la fréquence et la facilité de leurs communications, qu'on peut se flatter d'accélérer et d'étendre les bienfaits de la civilisation. Mais leurs rapports doivent être fondés sur une bienveillance et une confiance réciproques; ils doivent être excités encore par une réciprocité d'avantages, dans lesquels les individus puissent trouver des motifs pressans de multiplier leurs relations. Cette confiance ne peut naître, et ces avantages n'ont de la réalité, que chez les nations où de sages institutions y garantissent à chacun indistinctement la liberté de sa personne, et la possession paisible pour lui et les siens des biens qu'il y aura importés, de ceux qu'il y aura acquis par ses travaux.

Il y a moins d'un demi-siècle qu'on y rencontrait de graves obstacles dans les législations existantes. Chez nous particulièrement, le droit d'aubaine qui y était en vigueur faisait craindre à l'étranger de venir y compromettre ses capitaux; le droit de le contraindre par corps lui donnait les mêmes craintes pour sa personne. Mais aussitôt que cette double barrière eut été levée, on vit affluer en France une foule d'individus des autres nations, pour y faire fructifier leur industrie : les uns vinrent enrichir nos manufactures de leurs précieuses inventions, les autres nous apportèrent le perfectionnement de leurs arts; heureuse compensation du long et immense préjudice qu'avait causé à notre patrie la funeste révocation de l'édit de Nantes !....

Ces notables améliorations opérées dans nos lois en faveur des étrangers, ont non seulement éprouvé les variations qu'ont subies les lois destinées à nous régir, mais encore il leur a été substitué, relativement aux personnes, des rigueurs que désavouent également la justice et la loyauté française.

La contrainte par corps, qu'on avait dû croire à jamais abolie en France, y fut rétablie. Les auteurs de la loi qui la remettait en vigueur, craignirent sans doute de blesser l'amour-propre national s'ils laissaient exister une exception pour les étrangers à ce mode barbare d'exécution ; et une loi spéciale fut rendue, ayant pour objet de la faire coincider avec la loi générale dont elle avait été précédée, et qui devait former désormais le droit commun des Français en cette matière. Cette loi les soumit à la contrainte par corps pour toutes les espèces d'engagemens qu'ils contracteraient en France avec des Français, lorsqu'ils n'y posséderaient pas des propriétés foncières ou un établissement de commerce; mais l'application en était restreinte à leur égard aux cas où les Français pouvaient être contraints par cette voie, et pour les stipulations de même nature, s'ils offraient la garantie matérielle à laquelle ils étaient assujettis. Pour ce qui était des engagemens qu'ils avaient contractés en pays étranger, et dont l'exécution était réclamée en France, la contrainte ne pouvait être prononcée contre eux que dans les cas où elle avait lieu dans l'endroit où ils avaient contracté; par réciprocité, tout Français qui s'y était soumis en pays étranger à raison de ses obligations, était également contraignable en France.

Cette loi, toute rigoureuse qu'elle était, conservait encore une certaine mesure de justice. Mais l'état de guerre qui désola long-temps l'Europe nous ayant trop accoutumés à ne voir que des ennemis dans les étrangers, notre législation à leur égard se ressentit de l'influence des temps; et il fut rendu, le 10 septembre 1807, une nouvelle loi qui étendit les dispositions de la précédente et en augmenta les rigueurs. Désormais *tout jugement de condamnation*, intervenu au profit d'un Français contre un étranger non domicilié en France, dut emporter la contrainte par corps. La même loi ne se borna pas à appliquer ce mode sévère d'exécution à toutes les espèces d'engagemens en général, mais elle consacra une mesure de précaution dont plusieurs ont eu à déplorer les effets, par laquelle elle permit l'arrestation provisoire de l'étranger non domicilié, en vertu d'une simple ordonnance du président du tribunal de première instance rendue sur la requête du créancier français, avant le jugement de condamnation et après l'échéance ou l'exigibilité de la dette. Elle n'admit d'exception à cette règle que pour le cas où l'étranger justifierait qu'il possédait en France un établissement connu, ou des immeubles d'une valeur suffisante pour assurer le paiement de la dette, ou s'il fournissait pour caution une personne solvable et domiciliée en France.

Dès cet instant, l'étranger qui essuya des revers de fortune, ou dont les spéculations ne réussirent pas au gré de ses espérances; celui qui éprouva des retards dans l'envoi des fonds destinés à faire honneur à ses engagemens, ne trouvèrent plus d'autre asile que la prison chez une nation qui se pique de générosité, et qui a l'ambition d'être réputée par son urbanité et par ses vertus hospitalières : et comme la loi les concernant n'assignait pas de terme à leur détention, l'interprétation qu'elle a reçue des tribunaux ajoutant à ses rigueurs, lui a supposé le vœu qu'elle restât illimitée, et qu'elle ne finît qu'avec la vie des détenus si leurs ressources pécuniaires leur refusaient le moyen de se libérer, ou s'ils ne parvenaient à vaincre par leur résignation la dureté de leurs créanciers. Ainsi l'on en trouve un certain nombre, dans la prison de Sainte-Pélagie, qui comptent déjà plusieurs années de captivité; et un entre autres, vieillard aujourd'hui presque octogénaire, qui y déplore depuis vingt-trois ans la privation de sa liberté, sacrifiée à l'obstination de son inflexible créancier.

On est réduit à se demander comment une loi toute politique et de circonstance, à laquelle l'intérêt privé servit évidemment de prétexte, a pu survivre à l'époque pour laquelle elle fut faite?.... Cette loi ne fut qu'un acte intérieur d'hostilité contre les gouvernemens avec lesquels nous étions alors en guerre, un mode d'invention nouvelle de leur faire des prisonniers sans coup férir. Il est à peu près convenu qu'elle fut un effet particulier de la haine de Napoléon contre l'Angleterre, sur laquelle il essayait tous les moyens d'assouvir le ressentiment que lui causait son invincible résistance. Comment donc après le retour de la paix en Europe, lorsque les rapports d'amitié ont été rétablis entre les peuples que l'ambition insatiable d'un seul homme avait rendus ennemis; comment cette loi a-t-elle pu continuer d'exister, et mêler ses dispositions hostiles à nos relations avec nos voisins qui continuent d'en être les victimes?.....

Ah! que Louis XVIII, d'immortelle mémoire, connaissait bien le besoin d'encourager ces relations et de lever les obstacles qui pouvaient y exister. Il savait qu'un des moyens d'augmenter la félicité des États, d'en faire fleurir le commerce, qui est l'une de ses plus abondantes sources de prospérité, consiste à y attirer les étrangers riches et industrieux par les avantages dont il leur est assuré d'y jouir. Monarque éclairé, il avait jugé les heureux effets qu'avait produits le décret abolitif du droit d'aubaine, si impolitiquement rétabli par le Code civil sur le fondement d'un système de réciprocité qu'il n'est pas toujours sage de suivre en législation; et la France lui fut redevable de la loi qui l'abolit de nouveau, en assimilant les étrangers aux nationaux dans la libre disposition de leurs biens et dans le droit de succéder. Ce retour à l'une des améliorations dans notre système politique dont la France avait déjà éprouvé le bienfait, faisait espérer de sa royale sollicitude qu'il voudrait faire participer les personnes des étrangers de la liberté dont ils jouissent relativement à leurs biens. Son âme généreuse eût été contristée de les laisser exposés à être traités plus durement que ses sujets, de voir violer légalement à leur égard les droits sacrés de l'hospitalité. Il ne fût point resté sourd à la voix de l'humanité, qui réclame qu'il soit satisfait à ce besoin social ; et son successeur honorera son règne par cet acte de philanthropie digne de son noble caractère.

Ce n'est pas à la nation française qu'il appartient de donner l'exemple de la dureté dans celles de ses lois qui règlent les rapports individuels et d'intérêt des Français avec les étrangers. Il est plus conforme à nos mœurs, au contraire, de ne satisfaire qu'avec une répugnance prononcée à la nécessité quelquefois obligée de rétorquer contre eux les mesures de sévérité que leurs gouvernemens, par une funeste initiative, rendraient indispensables contre les individus qui leur appartiennent.

Il ne faut pas, pour servir l'intérêt particulier de quelques créanciers français, nuire à l'intérêt général, qui commande de favoriser l'arrivée et le séjour en France des étrangers. Des rigueurs mal comprises pourraient en éloigner l'homme riche qui vient y dépenser son revenu, et le spéculateur qui vient y acheter le superflu de nos productions territoriales et industrielles.

Tels sont les principes et les considérations qui doivent présider à la confection des lois concernant les étrangers, sous le rapport de la politique, de l'intérêt général et de l'intérêt individuel. Mais, sous le rapport de la morale publique et de la charité chrétienne, de quel œil verra-t-on déployer une égale rigueur contre l'étranger riche qui n'ayant pas proportionné sa dépense aux forces de son revenu, contre celui qui ayant été trompé dans les résultats de ses spéculations, sont obligés de recourir au crédit, et contre le malheureux réfugié qui, en attendant sur notre sol hospitalier la fin de telle ou telle tyrannie pour retourner dans ses foyers, a été forcé d'y contracter des dettes pour y soutenir sa misérable existence?..... La qualité d'étranger ne doit-elle donc éveiller que notre méfiance? Faut-il que la loi nous donne l'exemple d'une constante sévérité à l'égard de tous ceux qui ne sont pas Français?..... La Divinité n'a point fait d'étrangers; tous les hommes sont également ses enfans. Ils sont tous frères à ses yeux: elle leur commande de s'aimer comme tels, de compatir réciproquement à leurs maux, de se soulager mutuellement dans leurs infortunes. Elle leur impose partout les mêmes devoirs de charité à remplir les uns envers les autres. *Qui viderit fratrem suum necessitatem habere et clauserit viscera sua ab eo, quomodo charitas Dei manet in eo* (1)? Or, y a-t-il rien de plus contraire à cette charité, dont il n'est pas

(1) *Ep. Sancti Joan.*, ch. 3.

permis au législateur de manquer, que le droit rigoureux accordé au créancier français de faire arrêter sans jugement préalable son débiteur, par la seule raison qu'il sera né sur les bords du Danube ou de la Tamise, au lieu d'être né sur les bords de la Seine?.....

L'emprisonnement provisoire de l'étranger est un acte d'une suprême injustice.

La durée illimitée de sa détention, en vertu du jugement qui le condamne à payer, est un acte de barbarie atroce, puisqu'elle peut ne finir qu'avec la vie.

Et qu'on ne croie pas avoir satisfait aux exigences de la raison, à celles de la justice, lorsqu'elles demandent compte des motifs de pareilles rigueurs, en disant « que la mauvaise foi « est plus probable chez l'étranger que chez le « Français; que celui dont le domicile est hors « de France pourrait se jouer des obligations « qu'il aurait contractées envers un Français, s'il « n'était en quelque façon hypothéqué sur sa « personne; que lorsqu'il serait libéré de son « emprisonnement, il irait porter ailleurs son in« dustrie, qui ne profiterait plus à ses créanciers; « qu'on ne pourrait le suivre et le surveiller hors « de France; et que ce qu'il acquerrait ne pourrait « plus devenir le gage de ses anciennes dettes... »

La supposition de mauvaise foi est odieuse; elle est repoussée en termes généraux par un principe de notre droit auquel il serait peu généreux d'établir une exception contre les étrangers; elle ne se présume pas, elle doit être prouvée. Les probabilités, les conjectures dans lesquelles on voudrait puiser les raisons de justifier cette exception, sont impuissantes pour faire fléchir le principe, pour motiver l'application d'une peine aussi dure que la privation de la liberté. Cette vérité fut aperçue à la Chambre des Pairs, dans la discussion qui eut lieu à l'occasion du projet de loi qui lui fut présenté sur la contrainte par corps. On y sentit le besoin de se relâcher de la rigueur excessive dont le législateur de 1807 avait usé contre les étrangers. On y fit observer que, si les crimes et les délits commis par ceux-ci ou par des régnicoles n'étaient punis que des mêmes peines, il n'y avait pas de raison de traiter plus durement les uns que les autres lorsqu'il s'agissait d'une simple lésion dans des intérêts privés. Mais la Chambre, en adoptant la nouvelle loi, se borna à tempérer l'extrême rigueur de la précédente. Cependant, puisqu'on reconnaissait la nécessité d'assimiler les étrangers aux Français, on ne devrait plus hésiter à détruire le mal dans sa racine, au lieu d'admettre seulement un tempérament qui laisse toujours exister dans l'action de la justice une inégalité, une partialité qui font méconnaître son caractère.

Que l'étranger reste au milieu de nous libre

de sa personne, dans tous les cas où celle du Français ne peut être atteinte ; qu'il ne puisse être contraint par corps qu'à raison des obligations pour lesquelles le Français est aussi soumis à cette contrainte, avec la même mesure, et en y observant les mêmes formes !.. alors seulement la justice et l'humanité seront satisfaites ; alors seulement notre législation concernant les étrangers sera à l'abri du reproche de bizarrerie dans ses dispositions, dont les unes les assimilent pleinement aux Français, et les autres établissent entre eux une différence qui blesse l'honneur national.

CHAPITRE X.

De la contrainte par corps comparée aux autres modes d'exécution. Raisons qui doivent empêcher qu'elle puisse être exercée cumulativement avec ceux-ci, et qu'il en soit usé contre les débiteurs avant qu'ils aient été exécutés dans leurs biens.

La loi a sagement entouré les obligations de garanties propres à en assurer l'effet que les parties ont eu la volonté de leur donner : l'ordre public et la prospérité des familles y étaient également intéressés.

Il est juste, sans doute, que nul ne puisse s'enrichir au préjudice d'autrui, et que les biens de celui qui contracte des engagemens deviennent le gage de ses créanciers. Ceux-ci doivent pouvoir les faire vendre, et s'en distribuer le prix pour se payer de ce qui leur est dû.

A chacun suffit sa peine : le débiteur doit subir les variations de sa fortune, et les conséquences de ses fausses spéculations ; et le créancier ne doit se trouver exposé à perdre, que lorsqu'il y a insuffisance dans la valeur du gage qui lui était affecté.

Si l'intérêt du créancier a excité la sollicitude du législateur, il n'est pas resté indifférent sur celui du débiteur malheureux; et s'il a accordé au premier le droit de dépouiller le second de ses biens, comme moyen de le forcer à remplir ses engagemens, il n'a pas voulu pourtant que sa ruine pût être arbitrairement consommée lorsqu'il serait possible de l'éviter. Sa paternelle prévoyance ne lui a pas permis de sacrifier à l'aisance de l'un toutes les ressources de l'autre. C'est pourquoi, lorsque l'expropriation forcée des immeubles appartenant à celui-ci est poursuivie, il a la faculté de l'arrêter en faisant l'offre d'en abandonner le revenu au créancier poursuivant, si la valeur de ce revenu pendant un an égale le montant de la dette en principal et accessoires; et les juges peuvent, dans ce cas, ordonner le sursis des poursuites (1). S'agit-il d'une exécution sur des sommes d'argent ou sur des meubles?... il n'est pas permis d'étendre ses rigueurs jusqu'à priver le débiteur de ce qu'il possède à titre d'alimens, ni de le réduire tout à coup au désespoir en lui enlevant tous ses moyens d'existence et ceux d'utiliser à l'avenir son industrie. On doit lui laisser les livres relatifs à sa profession, ou les instrumens servant à l'exercice de son art, jusqu'à concurrence de la somme de 300 fr.;

---

(1) *Code Civil*, art. 2212.

les lits à son usage et à celui de sa famille, et les denrées nécessaires à leur consommation pendant un mois. (1)

Si c'est un mineur dont on menace d'exproprier les immeubles, la vente en est défendue avant la discussion de son mobilier (2). La loi n'a pas voulu se reposer ici du soin de protéger la faiblesse de son âge sur le tuteur qui lui est donné, ni sur les magistrats auxquels elle l'a spécialement confié; elle a voulu s'en charger, et prévenir elle-même la trop facile spoliation de ses propriétés foncières.

Toutes ces dispositions portent l'empreinte du vif intérêt que le législateur accorde au malheur, et du sentiment de commisération qui l'a excité à faire en faveur du débiteur de généreuses réserves dans les exécutions auxquelles il peut se trouver en proie. Il a su dans ces diverses circonstances concilier les droits du créancier avec ce qui est dû à l'infortune.

Comment donc a-t-il pu cesser d'être mu par le même sentiment, et déployer une sévérité qui n'admet aucune sorte de tempérament, lorsqu'il s'agit de priver le débiteur de son bien le plus précieux, de la liberté de sa personne?... L'homme serait-il donc moins digne de ménagemens, lors-

---

(1) *Code de Procédure civile*, art. 592.

(2) *Code Civil*, art. 2206.

qu'il est exposé à la plus dure des exécutions?... Et faut-il penser que sa liberté soit d'un moins grand prix aux yeux de la loi, que quelques arpens de terrain dont elle lui donne les moyens d'arrêter la vente à l'aide d'un paiement éloigné auquel le créancier est obligé de se résigner, tandis que la même faculté ne lui est point accordée pour retarder son emprisonnement, qui ne peut être empêché que par le paiement actuel et intégral de sa dette?... La loi manifeste toujours une salutaire répugnance à le laisser dépouiller de ce qu'il possède, lorsqu'il est réduit à l'impuissance de rèmplir ses obligations, elle prend encore en considération ses besoins, et ceux de la famille dont il est le soutien; elle ne veut pas qu'il soit tout à coup privé des objets de première nécessité, ni des moyens de continuer à se les procurer par son travail. Mais elle s'arme d'une inflexible dureté, dans tous les cas où elle permet d'exercer sur sa personne la plus rigoureuse des contraintes : elle n'a plus égard aux besoins de l'individu, ni à ceux de sa famille; elle ne lui accorde plus que ce qui est absolument indispensable pour l'empêcher de mourir de faim; elle ne s'inquiète plus de l'état d'abandon et de misère dans lequel ses enfans vont se trouver plongés; elle paralyse les ressources qu'il obtiendrait et pour eux et pour lui dans l'exercice de son industrie, en le condamnant à une captivité oisive où il ne trouve de distraction et de consolation à ses maux que dans le sentiment de ses douleurs.

Si le débiteur est un mineur commerçant, la loi cesse de le couvrir de son égide tutélaire. Déclaré par elle contraignable par corps, à raison de son commerce et des engagemens qu'il a contractés pour ses affaires commerciales, il ne doit pas espérer pour sa personne la protection qui lui est accordée pour ses biens. Il peut s'opposer à la vente de ceux-ci par les voies que nous avons indiquées; mais cette faveur lui est refusée pour empêcher son incarcération. La prison, toujours la prison, sans qu'il puisse s'y soustraire : telle est la perspective offerte au jeune homme inexpérimenté qui n'aura pas obtenu de succès dans ses entreprises, ou dont toutes les ressources auront été absorbées par des malheurs et des revers qu'il ne dépendait pas de lui de prévoir. Ses créanciers, pressés de se livrer à des exécutions rigoureuses, eussent été forcés de réprimer leur impatience, s'ils les avaient dirigées sur ses immeubles dont le prix eût pu suffire en définitive pour les satisfaire, ils s'attaquent à sa personne, que la loi leur livre sans défense, et l'on est réduit à déplorer que la mesure conservatrice de ses biens ne lui offre pas aussi une garantie contre les atteintes à sa liberté.

Nous aurions de la peine à persuader l'existence de pareilles anomalies dans notre législation, si nous n'avions eu le soin de rapprocher les dispositions d'où elles résultent; et l'on s'expliquera difficilement la cause des sentimens différens dont le législateur a été animé, en réglant l'emploi des divers modes d'exécutions dont les créanciers peuvent user envers leurs débiteurs. Il serait raisonnable de penser que ceux-ci devraient être plus rarement exposés à les voir exercer contre eux, en proportion de ce qu'elles sont plus rigoureuses, et que la loi devrait, lorsqu'il s'agit de leur liberté, leur offrir des ressources pour y obtenir une certaine modération, comme elle a fait dans les cas où les poursuites ne sont dirigées que contre leurs biens. C'est dans cette vue qu'il serait à désirer que le législateur n'autorisât l'exécution la plus dure qu'après que celles qui le sont moins auraient été successivement épuisées sans que le créancier eût pu y obtenir le paiement de ce qui lui est dû.

Si les affaires domestiques exigent l'œil du maître, si son absence est toujours nuisible à leur plus grande prospérité, que doit-ce être lorsque cette absence forcée est occasionnée par une cause qui entraîne toujours avec elle au moins une certaine défaveur, quoiqu'il soit convenu qu'elle n'ait rien de déshonorant. L'expérience nous apprend qu'un homme en prison ne conserve plus l'autorité qui lui appartenait dans l'administration de ses affaires avant qu'il fût privé de sa liberté. Bien loin de compatir à son malheur, il semble en général que chacun cherche à l'aggraver, pour peu que sa détention soit prolongée; ses débiteurs en profitent pour ne pas le payer; les travaux de ses ateliers languissent; la culture de ses propriétés reste négligée; ses produits manufacturiers s'écoulent lentement; ses denrées ne trouvent pas d'acheteurs. Réduit à une incapacité de fait, toutes ses combinaisons pour échapper au naufrage dont il est menacé viennent se briser contre les verroux sous lesquels il est retenu captif. Il voit toutes ses ressources s'évanouir. Les biens qu'il possède ne tarderont pas à être vendus; mais la déconsidération qu'une odieuse exécution a jetée sur lui s'étendra à tout ce qui le touche, et ce sera à qui en offrira le prix le plus bas. Il a cessé d'être le même homme aux yeux de ses semblables depuis que les sbires du commerce ont porté la main sur sa personne. Chaque citoyen, quel que soit son rang et sa fortune, a par lui-même, par son talent, par sa position sociale, une valeur intrinsèque qui est sensiblement altérée par cet acte de contrainte; et la baisse qu'il éprouve dans le prix moral attaché à son individu, se communique à sa famille et à tout ce qui lui appartient. Le créancier qui use de cette voie d'exécution avant d'avoir tenté l'effet des autres qui lui sont ouvertes par la loi, fait donc son propre préjudice en causant celui de son débiteur; et il serait de la prévoyance du législateur d'obvier à un inconvénient aussi grave. La morale, d'accord avec l'exacte justice, lui signalerait la nécessité d'apporter dans la déplorable faculté accordée au créancier de priver son débiteur de la liberté, le même esprit d'économie qu'on remarque dans la loi relative à l'expropriation forcée des immeubles.

La contrainte par corps, employée comme *épreuve* pour forcer le débiteur à faire la révélation des ressources qu'il est présumé tenir cachées, n'est qu'un acte de rigueur prématuré; et, comme *peine*, elle est un acte d'injustice: lorsqu'il y a des biens en évidence, il ne devrait être permis de recourir à ce moyen sévère que lorsqu'il serait prouvé que le créancier aurait épuisé ou vainement tenté tous les autres qui lui sont offerts par la loi. C'est pourquoi il devrait être établi une gradation dans les exécutions autorisées contre le débiteur pour le contraindre au paiement de sa dette. Ainsi, il serait raisonnable et moral tout à la fois de n'autoriser l'usage de la contrainte par corps, qu'à la charge par le créancier de justifier, par un procès-verbal de carence, qu'il n'existe pas de mobilier saisissable; et, par un certificat négatif du receveur des contributions, que le débiteur ne possède ni immeubles ni établissement de commerce. Il ne devrait pas être toléré que des exécutions pussent être concurremment exercées sur les biens et sur la personne; et le débiteur devrait pouvoir, en tout état de cause, obtenir un sursis à l'exercice de la contrainte, comme il lui est permis d'arrêter la vente de ses immeubles par la délégation de son revenu ou de ses créances actives, ou par l'offre de vendre dans un délai assigné ses meubles et ses immeubles, avec affectation du prix au paiement de ses dettes.

Cette salutaire innovation rendrait plus rares les atteintes légales à la liberté des personnes. La loi de la contrainte par corps cesserait d'être un instrument de colère ou de vengeance entre les mains d'un créancier dur et irascible : elle ne serait plus réellement qu'un acte d'exécution forcée qui, renfermé dans de justes limites, et accompagné des sages précautions commandées par un sentiment d'humanité, ne blesserait plus autant la morale et la justice humaine, si des raisons d'intérêt privé doivent continuer d'être un obstacle à son abrogation entière.

CHAPITRE XI.

L'application de la contrainte par corps doit-elle être obligée *ou* facultative?.... *Doit-elle rester dans les attributions des tribunaux ordinaires? n'est-il pas plus convenable de l'en retirer pour la placer dans celles des tribunaux correctionnels?....*

Une loi est essentiellement mauvaise, tyrannique et injuste, lorsqu'elle commande l'application aveugle d'une peine toujours uniforme, toujours égale dans sa durée, comme conséquence nécessaire et inévitable d'un fait, abstraction faite de ses circonstances; lorsque les tribunaux chargés de faire cette application se trouvent liés d'avance par ses dispositions impératives; lorsqu'il n'est pas permis aux juges d'examiner, de comparer, de peser les causes qui peuvent y donner lieu. Les tribunaux ne doivent pas être appelés à constater seulement la matérialité d'une action; et c'est les dégrader de la plus noble partie de leurs attributions, que d'en retrancher ce qui est du domaine de l'intelligence. Il ne faut pas que les juges soient étroitement circonscrits dans le cercle de la loi; car elle ne saurait analyser tous les détails, prévoir toutes les circonstances, ni apprécier toutes les considérations qui peuvent se présenter dans les causes variées à l'infini : ils sont, lorsqu'il s'agit de peines à infliger, de véritables jurés qui ne consultent que leur conscience, qui ne connaissent d'autres limites que celles qui leur sont tracées par elle.

Ces réflexions ne seront pas jugées déplacées à propos de la contrainte par corps, qui porte avec elle un caractère de pénalité, soit qu'on la considère comme une simple épreuve à laquelle le débiteur est soumis, ou comme le châtiment de sa mauvaise foi présumée. Quoi! un homme serait toujours punissable par cela seul qu'il ne pourrait pas payer, sans qu'il fût permis de s'enquérir si son impuissance est réelle et l'effet du malheur; ou si elle n'est que simulée et le résultat d'un calcul coupable, qui aurait pour objet de s'enrichir au détriment de ses créanciers !.... Et l'intention ne serait comptée pour rien dans un fait purement civil, tandis que, dans les cas les plus graves, elle donne lieu aux plus sévères investigations pour déterminer le degré de gravité du crime ou du délit !... Un tel système serait frappé de réprobation par l'opinion publique ; et les rigueurs de la loi qui le consacreraient manqueraient nécessairement leur but.

La contrainte par corps, odieuse de sa nature, et toujours désastreuse dans ses effets, ne doit pas être inconsidérément prodiguée. Il doit être facultatif au créancier de la demander, et aux juges de l'accorder ou de la refuser : il ne doit y avoir lieu de la prononcer que lorsqu'elle a été formellement libellée dans une demande motivée sur des faits caractéristiques de la mauvaise foi, et lorsque la preuve en est acquise de manière à ne plus permettre d'en douter. Telle qu'elle est appliquée aujourd'hui par les tribunaux, sur la simple vue de l'effet dont le paiement est réclamé, elle n'est, comme l'a dit un noble pair, « qu'une affaire de protocole dans laquelle la ré« flexion n'est point admise à intervenir. » Et, certes, ce n'est point avec cette légèreté, avec cette indifférence, que devraient être rendus les trop nombreux jugemens de condamnation à la privation de la liberté que prononcent journellement les tribunaux de commerce du royaume, et notamment celui de la capitale.

La matérialité d'une action nuisible à autrui ne suffit pas pour constituer la culpabilité de celui à qui elle est imputée, en l'absence de la volonté de nuire. L'homme qui emprunte de l'argent ne mérite pas même de reproche pour ce seul fait; il peut être aussi exempt de blâme, quoiqu'il ne rembourse pas l'argent qu'il a emprunté au terme fixé pour le paiement. La loi qui soumet à la contrainte par corps le débiteur qui ne paie pas, et parce qu'il aurait contracté une obligation d'une nature particulière, est donc évidemment une loi injuste; puisqu'elle confond dans ses rigueurs celui qui ne peut pas payer, avec celui qui ne veut pas payer. Une telle confusion subversive des règles de la justice, doit faire sentir suffisamment la nécessité de laisser au juge la faculté de ne pas l'appliquer contre le premier, et de ne l'appliquer que contre le second.

Un prêt d'argent est toujours déterminé par la garantie réelle, ou par la garantie morale, qui sont offertes par l'emprunteur. Dans l'un comme dans l'autre cas, le prêteur a à s'imputer de s'être contenté de cette garantie, dans laquelle il a trouvé une assurance suffisante de son remboursement. La contrainte par corps, accessoire à l'obligation, n'a pu être pour lui une cause déterminante du prêt. Un homme n'avancerait point son argent, il n'ouvrirait point un crédit à un autre, s'il n'avait la confiance d'en être remboursé; et s'il n'avait, au lieu de l'espoir du paiement, que celui d'être obligé de nourrir son débiteur en prison pendant un espace de temps plus ou moins long. La contrainte peut d'autant moins être considérée comme une des garanties du paiement, que la personne du débiteur ne peut être mise à prix : elle n'est qu'un moyen de punir celui-ci de sa mauvaise foi, ou de le forcer à remplir ses engagemens lorsqu'il s'y refuse, ayant des moyens connus ou présumés d'y satisfaire :

l'application ne doit donc en être permise que dans l'une de ces hypothèses.

L'emprunteur peut s'être trompé de bonne foi sur l'étendue de ses ressources; mais le prêteur prudent, qui aura nécessairement voulu les connaître avant de lui accorder du crédit ou de l'argent, a partagé son erreur : des espérances fondées sur le succès probable d'une entreprise peuvent ne s'être pas réalisées, et cependant la probabilité de ce succès avoir déterminé la confiance du prêteur.... Dans ces deux catégories, celui-ci ne saurait adresser un reproche fondé à son débiteur, puisque le même reproche pourrait lui être fait; à combien plus forte raison devrait-il être refusé à ce créancier le droit de le contraindre par corps, qui ne serait réellement alors qu'une insigne vexation ajoutée à son infortune !....

L'exécution sur la personne du débiteur, si l'on doit avoir encore à déplorer cet acte de barbarie, devrait ne pouvoir être exercée que lorsqu'il y a véritablement *faute grave*, *quasi-délit* ou *délit*, dans son fait; lorsque sa conduite peut être justement taxée d'imprudence ou de mauvaise foi, à l'époque de l'emprunt ou à l'époque du paiement; s'il était prouvé qu'il eût surpris par dol ou par adresse la confiance ou la crédulité du prêteur, en lui présentant un tableau mensonger de ses ressources ou des espérances qu'il savait bien ne pouvoir pas réaliser; lorsque les circonstances fournissant la certitude, au moins morale, qu'il a les moyens de remplir ses obligations, il refuse de les employer dans la vue de les faire tourner à son profit personnel. De là, la nécessité d'user d'investigations pour connaître les circonstances qui ont accompagné l'emprunt, et les motifs qui empêchent le débiteur de payer. Une cause innocente ne doit pas pouvoir produire un résultat coupable : l'homme qui n'acquitte pas sa dette ne devrait être contraignable par corps que lorsque, étant prouvé ou du moins vraisemblable qu'il pourrait payer, il ne paie cependant pas. Mais s'il était constant qu'il fût réduit à l'impuissance de se libérer, la contrainte comme *épreuve* serait une barbare inutilité; comme *peine*, elle serait une atroce injustice.

La célérité qu'il est nécessaire de mettre dans la distribution de la justice en matières commerciales, est peu compatible, sans doute, avec la sage lenteur qu'il convient d'apporter dans la préparation du jugement en vertu duquel le débiteur pourra être privé de sa liberté. C'est pourquoi il serait à propos, pour concilier le vœu de l'humanité avec les intérêts privés, trop souvent sourds à sa voix, de placer dans les attributions des tribunaux de police correctionnelle l'application de la contrainte par corps : elle ne serait plus dès-lors une simple *affaire de protocole*, mais l'objet d'une condamnation solennelle, qui ferait une impression d'autant plus grande sur l'individu, et qui serait d'autant plus salutaire, qu'elle ne frapperait plus indistinctement l'homme qui ne fut que malheureux, et celui qui fut imprudent ou de mauvaise foi.

Il est d'ailleurs plus conforme aux principes qui règlent l'ordre des juridictions, de restreindre l'autorité des tribunaux de commerce uniquement à la connaissance des choses et des opérations commerciales; et de ne plus permettre qu'elle puisse être étendue à ce qui touche la liberté des personnes, qu'il est non moins important de ne point voir compromettre, que leurs qualités, sur lesquelles il est défendu à ces tribunaux de statuer lorsqu'il s'élève des contestations à leur occasion (1). Cette mesure est à souhaiter aussi sous le rapport de l'impartialité qui doit présider aux décrets de la justice, qui n'aura pas à gémir de l'influence que pourraient exercer sur les jugemens des intérêts froissés et de même nature que ceux qui seraient agités devant ces tribunaux.

S'il est des cas dans lesquels leur décision doit demeurer suspendue, et où ils sont obligés de renvoyer les parties devant les tribunaux ordi-

---

(1) Art. 426 du *Code de Procédure civile*.

naires (1); il y aurait bien moins d'inconvénient à exiger ce renvoi devant les tribunaux correctionnels pour l'application de la contrainte, puisque leur action n'en serait point ralentie. Au reste, pourquoi en userait-on différemment à l'égard du débiteur qui ne paie pas, qu'à l'égard du débiteur failli qui est mis en prévention de banqueroute simple (2)?..... Le premier serait-il donc moins digne d'indulgence que le second, et celui-ci mérite-t-il mieux d'obtenir les facilités de justifier sa conduite?..... Pourquoi refuserait-on à l'un les moyens que l'on accorde à l'autre, de soumettre à l'appréciation des tribunaux les causes qui occasionnent l'inaccomplissement de ses obligations?... Sur quel fondement pourrait-on établir une différence dans leur traitement, et dans la forme du jugement qui doit leur en faire l'application?..... Il existe cependant une grande analogie dans leur condition; il s'agit également de connaître ce qui a pu donner lieu à leur dérangement ou causer leurs malheurs; et il n'est question, en définitive, que de la réparation d'un dommage privé auquel on ne doit pas, dans un cas, sacrifier aveuglément et sans modération la liberté de l'individu, tandis que, dans l'autre, on y apporte de sages précautions et un juste tem-

(1) Art. 426 et 427 du *Code de Procédure civile.*

(2) Art. 588 du *Code de Commerce.*

pérament. L'inflexibilité de la loi, à l'égard du débiteur qui ne paie pas, blesserait les règles de l'équité, puisqu'elle se montrerait plus dure envers lui qu'à l'égard du failli, contre lequel s'élèvent ordinairement des présomptions non moins défavorables que contre le premier. Il serait plus raisonnable et plus juste sans doute, d'admettre que des causes analogues doivent produire des effets semblables; et la loi serait mise à l'abri du reproche fondé d'avoir refusé son secours à l'infortune ou à l'imprudence, et de les avoir frappées de la même disgrâce que la mauvaise foi, dont les actes méritent toujours une peine plus rigoureuse.

Les mêmes motifs et les mêmes considérations devraient déterminer aussi à faire faire, par les tribunaux de police correctionnelle, l'application de la contrainte par corps aux individus que le Code Civil a voulu y soumettre; avec d'autant plus de raison que plusieurs des faits auxquels est attachée la privation de la liberté, tels que le stellionat, la violation du dépôt nécessaire, le détournement des deniers par des personnes publiques, et celui des choses déposées aux gardiens judiciaires, présentent le caractère de véritables délits. Mais la loi devrait également, à l'égard de ceux-ci comme à l'égard du débiteur qui ne paie pas ce qu'il doit, laisser au juge un pouvoir discrétionnaire, en vertu duquel il aurait la faculté d'apprécier les circonstances et d'accorder la contrainte dans de justes limites; ou de la refuser, selon qu'il jugerait que la peine est méritée, ou qu'elle lui paraîtrait ne devoir produire d'autre résultat que celui de satisfaire la passion du créancier.

Lorsqu'une peine est appliquée avec discernement, l'homme lui-même qui est condamné à la subir n'élève aucune plainte contre ses juges. Quel que soit le genre de délit ou la faute qui la lui a attirée, il trouve dans sa conscience un tribunal qui ratifie la sentence prononcée contre lui : c'est pourquoi plusieurs donnent l'exemple de la résistance au recours en cassation contre les arrêts dont ils reconnaissent la justice. S'agit-il, au contraire, d'une peine dont l'application serait commandée par la loi, sans permettre l'examen de l'intention qui fut le mobile de l'action qu'elle est destinée à punir, elle révoltera même le plus coupable, parce qu'il ne lui sera pas démontré par le jugement qu'il l'avait justement encourue. A plus forte raison doit-il être permis de se plaindre de la rigueur aveugle de la loi, au débiteur malheureux dont elle livre la personne à la merci d'un créancier sans pitié, et dont la voix implorerait vainement la commisération des tribunaux, qui n'ont d'autorité que pour le contraindre, et jamais pour soulager son infortune.....

CHAPITRE XII.

Des causes qui doivent exempter de la contrainte par corps, et de celles qui doivent procurer l'élargissement du débiteur incarcéré ; — Du sexe, de l'âge, de la parenté ; — Du paiement, du consentement du créancier, du manque d'alimens, de la cession des biens ; — Des effets du plus long terme de la détention ; — De la prescription.

S'IL est de justes causes qui doivent faire cesser la captivité du débiteur dont la liberté aura été sacrifiée à l'exigence de ses créanciers, il en est aussi qui doivent être un obstacle à ce qu'il leur soit accordé cette déplorable satisfaction.

Dans le nombre des personnes en faveur desquelles il est nécessaire d'introduire le privilége d'exemption de la contrainte par corps, il faut classer en première ligne celles du sexe, que la loi divine et la loi civile nous commandent de protéger et de défendre, et dont la fragilité trouve son principal appui dans notre force. La femme, naturellement faible et timide, ne devrait point être exposée à éprouver dans sa personne la sévérité des lois destinées à régir les intérêts privés; l'homme ne peut, sans blesser l'humanité et les convenances sociales, la faire participer à la dureté de ses institutions : celui qui a été créé son protecteur, n'a pas le droit de devenir son oppresseur. Il ne peut, sans se rendre coupable d'ingratitude, exercer ses rigueurs contre celle qui le produisit à la vie au péril de la sienne, qui l'alimenta de son sang et lui prodigua les plus tendres soins dans son enfance, qui fait le charme des plus belles années de son existence, et qui lui ménage encore des secours et des consolations au milieu des infirmités de la vieillesse. L'exercice de la contrainte par corps contre la femme est, selon nos mœurs, une sorte d'attentat à la pudeur; et la délicatesse de nos sentimens est révoltée de ce que les exécuteurs des mandemens de la justice peuvent porter leurs mains, *au nom du Roi*, sur celles qui sont en général les objets de notre amour et de notre respect, et pour qui le Français professe une espèce de culte.

Si la loi civile fait un outrage aux droits naturels de l'homme, lorsque, par une singulière contradiction, elle établit la vénalité de celui dont elle reconnaît l'inaliénabilité dans plusieurs de ses dispositions; elle viole tout ce qu'il y a de plus saint en soumettant à la même exception la femme, qui ne saurait être remplacée dans l'emploi qui lui est assigné par la nature au milieu de la création. En effet, qui pourrait remplir le vide que laisse dans sa famille celle qui lui est ravie en vertu du jugement qui permet la séquestration de sa personne? qui suppléera les soins empressés que ses jeunes enfans réclament de sa tendresse maternelle?..... Faudra-t-il que ceux-ci aillent partager les misères et les douleurs de sa captivité; que les verroux d'une prison soient les hochets de leur premier âge; que le séjour qui devrait être exclusivement réservé aux malfaiteurs soit le berceau de leur innocence; et que leur première éducation commence à l'école du malheur, d'où il est possible qu'ils rapportent des impressions et des habitudes funestes?..... Le législateur ne saurait n'être point touché de ces résultats, dont nous pourrions citer plus d'un exemple; et ils seront pour lui un puissant motif de réfléchir sur les dangers d'appliquer la contrainte par corps à un sexe dont les destinées exercent une si grande influence sur le nôtre.

La loi ne doit dépouiller sa puissance tutélaire à l'égard des femmes, pour s'armer de sévérité contre elles, que lorsque l'ordre public et les bonnes mœurs en font sentir l'indispensable nécessité; et seulement contre celles qui, faisant abnégation des vertus de leur sexe, veulent participer à tous les vices auxquels le nôtre est plus enclin. La raison de l'intérêt général doit pouvoir seule faire taire le sentiment des convenances;

mais, en l'absence de cette raison, les femmes doivent toujours obtenir même de la loi, qui est l'ouvrage des hommes, les égards et les ménagemens qui ne leur sont jamais refusés dans nos relations sociales.

La faiblesse de l'âge doit aussi trouver grâce aux yeux d'une loi qui suppose ordinairement, dans celui qu'elle veut atteindre, un certain degré de méchanceté, auquel ne peut être parvenu le jeune homme qui débute dans la carrière de la vie : et puisque cette loi ne soumet l'individu aux rigueurs de la contrainte par corps qu'en haine de la mauvaise foi qu'il est présumé apporter dans l'exécution de ses engagemens, ces rigueurs ne devraient pas être applicables à celui contre lequel cette présomption ne saurait raisonnablement être élevée. Nous naissons tous avec un égal penchant au bien et au mal ; mais l'intérêt attaché à notre bien-être et à notre conservation, nous porte naturellement à pratiquer l'un et à éviter l'autre : notre raison, en se développant, nous confirme dans ce choix, et nous révèle des motifs plus sublimes et plus puissans de cette préférence. L'homme ne devient méchant que par ses fréquentations, par la contagion de l'exemple; il n'acquiert la dissimulation qu'après avoir long-temps usé de la vie; ce n'est qu'après avoir été souvent trompé, qu'il peut devenir capable de tromper les autres. Comment la loi pourrait-elle donc, sans injustice, assimiler à celui qui a vécu à l'école du monde, celui qui y fait à peine son entrée.... Par quelle étrange inconséquence voudrait-elle attribuer une maturité, qui ne s'acquiert que par l'expérience, au mineur de dix-huit ans, qui, s'il se fût rendu coupable d'un crime ou d'un délit deux ans auparavant, aurait pu être censé avoir agi *sans discernement* (1); et permettre qu'il soit traité avec la même sévérité qu'un homme consommé dans la connaissance des affaires, tandis que s'il eût été déclaré, dans le cas indiqué, qu'il avait agi *avec discernement*, il aurait été usé encore d'indulgence à son égard, en considération de la faiblesse de son âge (2).... Deux ans de plus d'existence dans cette période de la vie où le germe de la raison commence à peine à se développer, suffiraient-ils donc pour lui donner cette maturité par mandement de la loi? et l'émancipation qui l'aurait affranchi des liens de la tutelle pour en faire un négociant, et qui le réputerait majeur pour les faits de son commerce (3), aurait-elle la vertu magique de le douer tout à coup d'une capacité et d'une prudence qu'il n'est guère permis de lui supposer, et que la loi ne lui suppose pas

(1) Art. 66 du *Code pénal.*

(2) Art. 67, *ibid.*

(3) Art. 487 du *Code civil*, et 2 du *Code de Commerce.*

elle-même dans les cas ordinaires; puisqu'elle pose en principe général qu'*il pourra être privé du bénéfice de l'émancipation*, lorsqu'il sera jugé par ses actes en avoir abusé, ou en user à son détriment (1)?... Il serait plus équitable, sans doute, de compatir encore à son inexpérience, qui peut l'induire à se faire illusion sur les moyens qu'il croyait avoir de remplir des engagemens contractés avec trop de confiance; au lieu de le punir de son erreur comme on ferait celui qui a une longue habitude de calculer les chances de la fortune, et une capacité acquise pour combiner ses ressources avec une espèce de certitude. Ah! si la loi devait déployer envers lui la même sévérité qu'à l'égard de ce dernier, qu'on le prive plutôt de la funeste facilité d'entrer prématurément dans une carrière où ses premiers pas pourraient n'être que des chutes, et où il courrait trop souvent le risque de compromettre à la fois sa fortune et sa liberté.

La vieillesse a droit aussi à jouir du privilége d'exemption de la contrainte par corps, que nous réclamons en faveur des femmes et des mineurs commerçans. Elle fut toujours respectée, non seulement chez les nations policées, mais encore chez les peuples sauvages. C'est sous ses traits qu'on a coutume de représenter à nos

---

(1) Art. 485 du *Code civil.*

yeux l'emblème de la Divinité. Une si haute vénération se concilierait difficilement avec la faculté qui serait accordée au créancier d'un vieillard, de le faire appréhender au corps, et de le traîner impitoyablement dans une prison. Cet acte de violence sur sa personne serait à la fois une irrévérence et un acte de cruauté insigne, puisqu'il équivaudrait le plus souvent à un arrêt de mort contre celui qui en serait l'objet. En avançant vers le terme de la vie, non seulement l'homme est moins propre à résister aux souffrances physiques et morales que l'emprisonnement entraîne avec lui, mais encore elles sont aggravées par la privation des soins que la vieillesse et ses infirmités réclament.

Ces considérations portèrent le législateur à mettre à l'abri des rigueurs de la loi, pour dettes civiles, celui dont l'âge inspire naturellement le respect et un sentiment d'intérêt pour la conservation des jours qui lui restent à vivre ; mais ce bienfait lui est refusé pour dettes commerciales ; comme si le commerce, qui civilise tout, devait rester hors des limites de la civilisation; comme s'il devait méconnaître les droits sacrés de l'humanité.... Toutefois, ce bienfait lui-même ne serait point digne d'une loi généreuse, parce qu'il serait mesuré sur une échelle trop courte en fixant à soixante-dix ans l'âge de la vieillesse. Cet âge est le plus souvent voisin du terme de la vie;

et c'est communément à soixante ans que la vieillesse commence, amenant à sa suite l'affligeant cortége des maladies et des infirmités, qui préludent à la décomposition de notre être, en attendant le moment suprême assigné à son existence.

Il est sans doute des exceptions à cette règle, que nous ne prétendons pas établir d'une manière immuable; et l'on rencontre des sexagénaires qui conservent pendant quelques années encore une certaine force de corps, et le libre usage des facultés de l'esprit. Mais la loi ne devrait pas fonder ses rigueurs sur cette exception; elle devrait les restreindre dans les mêmes limites qu'elle assigne à ses faveurs. Ainsi, l'âge de soixante ans étant ordinairement celui qui est fixé pour les retraites dans les différentes branches du service public, elle ne devrait pas permettre que celui qui l'aurait atteint restât encore exposé aux tortures de la contrainte. L'homme qui est jugé n'avoir plus la force de supporter les fatigues d'un service actif, ne devrait plus pouvoir être offert en holocauste à ses créanciers. Les peines réelles attachées nécessairement à la position du débiteur sexagénaire, que son état d'insolvabilité menace d'accompagner au tombeau, sont assez grandes pour ne pas y ajouter encore des souffrances d'une autre nature, qui n'auraient d'autre objet que de procurer à son créancier l'atroce satisfaction de l'y précipiter plus vite.

Aux trois causes d'exemption de la contrainte que nous venons de signaler, il faut en ajouter une quatrième, qui se tire des liens de famille, par lesquels peuvent se trouver unis le débiteur et son créancier. Il serait d'une immoralité révoltante que le mari pût user d'un tel mode de coaction contre sa femme, la femme contre son mari, le père contre son fils, le fils contre son père, le frère contre son frère ou sa sœur. Le projet de loi qui fut présenté à la Chambre des Pairs contenait à cet égard une prohibition qu'il étendait fort sagement aux alliés aux mêmes degrés : il prévenait, par ce moyen, le scandale dont on a eu plus d'un exemple sous l'empire de la loi qui nous régit encore. L'intérêt domine tellement certains hommes, qu'il excite en eux des passions haineuses, capables d'étouffer dans leur cœur tous les sentimens de la nature. C'est pourquoi le législateur ne saurait user de trop de précautions pour prévenir les excès auxquels pourraient se porter, les uns envers les autres, ceux qu'unissent les rapports les plus intimes et les plus respectables. Sa prévoyance devrait même s'étendre jusqu'à empêcher qu'ils pussent y employer l'intermédiaire des tiers, sous le nom desquels ils chercheraient à satisfaire leur avarice ou leur ressentiment, comme on en a fait aussi la triste expérience.

L'âge avancé, que nous avons mis au nombre des causes d'exemption de la contrainte par corps, doit, par une conséquence nécessaire, procurer son élargissement au débiteur incarcéré, qui doit l'obtenir encore par le paiement de la dette pour laquelle il est détenu, par le consentement du créancier qui l'a fait emprisonner, et par l'effet de la cession de biens.

Mais faudra-t-il toujours que le paiement soit effectué réellement, et en totalité, de tout ce qui sera dû en principal, intérêts et frais?... A cet égard, une amélioration salutaire était proposée au sort du débiteur par le projet de loi, qui lui accordait son élargissement s'il payait, ou s'il consignait le tiers de sa dette en principal et accessoires, et s'il donnait caution de payer le surplus dans le délai d'un an. Mais cette amélioration elle-même serait renfermée dans des limites trop étroites : elle est susceptible d'une extension dont le créancier ne recevrait aucun préjudice, et qui fournirait au débiteur le moyen de recouvrer plus facilement sa liberté. La position de fortune de ce dernier peut avoir changé depuis son incarcération ; il peut lui être échu une succession ; mais cette succession peut ne consister qu'en immeubles, ou en capitaux, qui ne seraient pas immédiatement exigibles. Pourquoi, dans ce cas, au lieu d'un paiement actuel que l'état des choses rendrait impossible, ou d'une caution qui n'est pas toujours facile à trouver, la loi n'accorderait-elle pas son élargissement au débiteur, moyennant son obligation de payer dans un an, et à la charge par lui de fournir sur ses biens une hypothèque suffisante pour le montant de sa dette, en principal et accessoires?... Pourquoi, encore, ne pourrait-il pas se libérer à l'aide d'une délégation sur ses propres débiteurs à son créancier, à qui la loi imposerait l'obligation de l'accepter?... Celui-ci, quelque faveur qu'il mérite, ne doit jamais pouvoir exiger l'impossible, et la liberté du débiteur incarcéré, qui n'est pas digne de moins de faveur, est une cause légitime de faciliter la libération de ce dernier par tous les moyens qui sont en son pouvoir.

Son élargissement ne doit plus éprouver d'obstacle, lorsque le créancier qui le détient y donne son consentement. Mais comme l'homme privé de sa liberté ne saurait y être trop tôt ni trop promptement rendu, on ne saurait trop simplifier les formes qui doivent lui faire ouvrir les portes de sa prison. Une simple déclaration du créancier, inscrite par lui ou par son fondé de pouvoirs sur le registre de l'écrou, ou faite devant notaires et remise par le débiteur lui-même au geolier, qui l'annexera à ce registre, devrait suffire à cet effet, sans qu'il fût besoin d'y employer l'intervention d'un garde du commerce ou d'un huissier, comme on le pratique à Paris.

Le défaut de consignation *mensuelle* et *par avance* des alimens que le créancier est obligé de fournir au débiteur, est sans contredit une des plus justes causes de son élargissement; et une fois qu'il aurait été rendu à la liberté pour ce motif, ou pour l'un des autres qui viennent d'être indiqués, il ne devrait plus pouvoir être réincarcéré, sous aucun prétexte, à raison de la même créance. Il n'est pas permis de se jouer de la liberté des hommes; et lorsque celui qui s'en était vu privé a eu le bonheur de la recouvrer, il ne doit plus être exposé à la perdre pour la même cause. La maxime tutélaire *nemo bis in idem* peut aussi trouver son application dans cette circonstance, avec non moins de raison qu'en matière de délits.

Enfin, la cession de biens judiciaire, qui est une ressource extrême offerte au débiteur malheureux et de bonne foi pour avoir la liberté de sa personne (1), ne devrait pas être un bienfait illusoire; la justice devrait toujours accueillir l'abandon qu'il propose à ses créanciers de tout ce qu'il déclare posséder, lorsqu'il ne se trouve pas dans l'un des cas d'exception déterminés par la loi, et lorsqu'il n'est pas prouvé qu'il soit de mauvaise foi (2). Mais il n'en est point ainsi dans

---

(1) Art. 1268 du *Code civil*.

(2) Art. 905 du *Code de Procédure civile*, et 575 du *Code de Commerce*.

la pratique; et il existe dans les monumens de la jurisprudence une variation funeste qu'il importerait de faire cesser, pour la ramener à cette uniformité qui y est non moins désirable qu'en législation. Il est des tribunaux où le prisonnier pour dettes dont la détention est déjà un fait qui devrait faire présumer son infortune, est assuré de voir repousser sa demande en cession de biens sur le fondement *qu'il n'a point justifié suffisamment de ses malheurs et de sa bonne foi;* protocole banal dans le cercle étroit duquel ces tribunaux restent circonscrits, comme les tribunaux de commerce dans celui qu'ils se sont tracé pour l'application de la contrainte par corps. Comme si le malheur avait toujours besoin d'être matériellement prouvé par des faits, et s'il ne s'induisait pas le plus souvent des circonstances morales attachées à des événemens inopinés, fortuits, et indépendans de la volonté de l'homme!.. Comme s'il n'était pas dans le vœu de la loi que la bonne foi soit toujours présumée chez le demandeur en cession de biens, jusqu'à la preuve du contraire de la part de celui qui la lui contesterait!... Dire que *le débiteur n'a pas suffisamment prouvé sa bonne foi,* c'est établir en principe, dans d'autres termes, qu'il existe contre lui une présomption légale de mauvaise foi; et se mettre en opposition manifeste avec cette règle immuable de notre droit, qui veut que la mauvaise foi ne se présume jamais et qu'elle doive toujours être prouvée. (1)

Si la mauvaise foi ne doit jamais être présumée, on doit admettre comme une vérité correspondante que la bonne foi se présume toujours; dès-lors il faudra tenir pour constant que celle-ci n'a pas besoin d'être prouvée, et que la preuve ne peut être exigée que pour constater l'existence de l'autre. C'est donc intervertir les rôles que d'assujettir le débiteur à prouver sa bonne foi; tandis qu'il n'est que le créancier qui la lui conteste qui doive être soumis à faire la preuve de l'exception à l'aide de laquelle il combat la demande en cession. C'est véritablement renverser l'ordre légal pour lui substituer le régime de l'arbitraire.

Il est un moyen facile de remédier à une erreur qui exerce un si funeste empire dans les tribunaux où elle est professée, et qui forme un obstacle invincible à l'élargissement des détenus pour dettes, auxquels la cession de biens est ordinairement refusée comme moyen de recouvrer leur liberté, au mépris de la loi, qui leur offre ce bienfait. Ce moyen consiste à déclarer dans des termes énergiques qu'il n'y a que ceux qui se trouveront compris dans l'une des exceptions indiquées par la loi, et ceux dont la mauvaise foi sera prouvée, qui seront privés du bénéfice ac-

---

(1) Art. 1116 du *Code civil.*

cordé aux débiteurs de bonne foi. Le législateur doit être d'autant plus attentif à ne laisser rien de vague et d'incertain dans les dispositions des lois qui intéressent la liberté, que l'homme est toujours porté à en forcer le sens et à en dénaturer l'esprit par des interprétations conformes à son intérêt privé; et que les juges, qui sont hommes aussi, accueillent trop souvent avec faveur ces interprétations, séduits par des systèmes qui satisfont quelquefois l'esprit au préjudice de la raison.

S'il n'arrive pas toujours que les créanciers demeurent inflexibles, et qu'ils s'obstinent à retenir infructueusement leurs débiteurs dans les liens de la captivité, il n'est point rare pourtant d'en trouver qui éprouvent une barbare satisfaction à jouir aussi long-temps que la loi le leur permet des souffrances de leurs victimes. Leur vengeance n'est point encore assouvie à l'expiration du terme assigné à la détention de celui qui a le malheur de ne pouvoir pas se libérer; et il en est parmi eux qui n'ont pas craint de vouloir la prolonger, en faisant usage de titres de créances qu'ils tenaient méchamment en réserve dans cette vue. Mais l'humanité, qui n'est pas toujours inconciliable avec la rigoureuse justice, ne resta point cette fois sans influence; et la Cour royale de Paris, qui la première eut à statuer sur cette question, n'hésita pas à la résoudre en faveur de la liberté (1). Elle consacra en principe, que le détenu pour dettes devait obtenir son élargissement de plein droit après une détention de cinq ans, et qu'après ce temps révolu le débiteur ne pouvait pas être recommandé, ni arrêté de nouveau, pour cause antérieure à son emprisonnement. Cette solution était une conséquence nécessaire de la loi sur la contrainte par corps, sainement interprétée. Après le long temps de la cruelle épreuve à laquelle elle soumet le débiteur, il était raisonnable de le considérer comme étant absolument hors d'état de payer. Or, une nouvelle épreuve de laquelle on ne pourrait pas attendre un autre résultat ne serait évidemment qu'une vexation inutile. On ne pourrait, sans contradiction, réputer le débiteur qui aurait subi le plus long terme de la détention comme insolvable relativement au créancier qui l'avait fait incarcérer et pour la somme qui motiva son incarcération, et ne pas le supposer tel à l'égard d'autres créanciers et pour d'autres sommes dues par lui.

La décision de la Cour royale de Paris a jusques aujourd'hui rempli la lacune qui existait dans la législation sur la contrainte; et l'on se conforme journellement dans les ordonnances

---

(1) Arrêt de la Cour royale de Paris, première section, 22 août 1806.

sur référé qui sont rendues, à la jurisprudence qu'elle a introduite en faveur des débiteurs. Si cette jurisprudence n'avait pas pour elle l'autorité de la loi, les créanciers eussent refusé de s'y soumettre; ils n'auraient pas manqué de reproduire la question et de la débattre de nouveau devant d'autres tribunaux. Ils ne l'ont pas fait; et ils ont ratifié par leur silence l'œuvre de la justice, qui ne pouvait consentir à laisser indéfiniment la liberté du débiteur à la merci de son créancier.

Le projet de loi consacrait le même principe. Il n'y eut pas de dissentiment sur ce point dans la Chambre des Pairs; et les opinions n'y furent partagées que sur la question de savoir si la personne du débiteur serait libérée de la contrainte à raison de toutes les dettes par lui contractées avant son incarcération, sans distinction de celles qui, étant exigibles à cette époque, avaient donné lieu à des poursuites judiciaires et à des jugemens de condamnation; et de celles qui, l'étant devenues plus tard, mais avant l'expiration du plus long terme de la détention, n'avaient été suivies d'aucune poursuite: et sur cette question controversée nous partageons volontiers le sentiment et nous adoptons les motifs du noble pair qui soutenait que le débiteur devait désormais être affranchi de la contrainte à raison de toutes les dettes qu'il avait contractées avant son emprisonnement, qu'elles eussent été ou non suivies de condamnation. Nous pensons comme lui qu'il serait raisonnable et juste d'admettre que la détention du débiteur purge tout ce qui l'a précédée; qu'après l'avoir subie pendant le plus long temps qui lui est assigné, il doit être réputé insolvable, et qu'il y aurait de l'inconséquence à le considérer comme tel à l'égard des unes seulement, et non à l'égard des autres. « La « captivité du débiteur est un fait patent et cer- « tain qui avertit suffisamment tous ses créan- « ciers d'exercer leurs actions. Celui dont la « créance était exigible aurait à s'imputer de n'a- « voir pas poursuivi en justice l'exécution de ses « droits. » Cette doctrine favorable à la liberté mérite d'obtenir la sanction du législateur, parce qu'elle offre un moyen assuré de prévenir le concert qui pourrait exister entre plusieurs créanciers du même débiteur, qui s'entendraient pour provoquer successivement contre lui des jugemens à la veille de l'expiration du terme légal de sa détention, et pour la prolonger d'une manière indéfinie.

Il resterait à examiner si le débiteur élargi après ce terme devrait aussi être affranchi de la contrainte pour les dettes dont l'existence remonterait à un temps antérieur à son emprisonnement, et dont l'échéance ne serait arrivée qu'après son élargissement. Mais cette question nous paraît oiseuse, parce qu'il n'est pas d'usage que le paiement des lettres de change, qui sont faites ordinairement pour fournir aux besoins du moment, et dont la circulation doit être rapide et circonscrite dans un espace de temps limité, soit fixé à des époques reculées. Ce cas, dont on n'aurait que de rares exemples dans l'état actuel des choses, ne se présentera vraisemblablement jamais si, la contrainte par corps étant maintenue contre le vœu généralement manifesté, l'application n'en est permise qu'entre négocians, parce que le terme ordinaire des transactions commerciales ne saurait excéder celui qui sera assigné à la durée de la détention des débiteurs qui resteront soumis à cette contrainte.

Il ne devrait pas suffire, dans l'intérêt de la liberté individuelle, de déterminer les causes d'exemption de la contrainte, les conditions auxquelles le débiteur séquestré de la société pourra lui être rendu, et l'époque où il obtiendra la libération de sa personne après avoir long-temps gémi dans une prison : il conviendrait encore d'assigner un terme après lequel le droit de la contrainte par corps serait prescrit. Si l'on veut persister à croire que la force des choses et une déplorable *nécessité* exigent encore, dans certains cas, que l'on sacrifie à de simples intérêts privés la plus précieuse prérogative dont il soit donné à l'homme de jouir, l'exercice de cette odieuse concession de la loi humaine, contraire aux lois de la nature, de la religion et de la morale, devrait avoir ses bornes et ne pas excéder un certain temps. Un privilége aussi exorbitant ne devrait pas jouir de plus de faveur que les justes peines encourues par les auteurs des délits qui troublent la société ; et les mêmes motifs qui ont porté le législateur à établir la prescription par cinq ans de ces peines prononcées par les arrêts ou jugemens rendus en matières correctionnelles (1), devraient à plus forte raison la faire admettre comme un terme légal à l'exercice de la contrainte par corps.... Que les condamnations qui ont pour objet les intérêts pécuniaires des parties restent soumises à la plus longue prescription établie pour les obligations en général, c'est une juste conséquence des principes conservateurs des droits de chacun; mais la protection que la loi doit aux individus, et son respect pour la tranquillité des familles, s'opposent également à ce que le débiteur soumis à la contrainte reste exposé continuellement et pendant toute la durée de sa vie, au gré de son créancier, à la crainte incessante de perdre sa liberté. Puisque le temps pendant lequel il peut en être privé ne doit pas pouvoir excéder une certaine durée, il est dans l'ordre aussi de limiter celle pendant laquelle le créancier à qui ce droit est accordé pourra l'exer-

(1) Art. 636 du *Code d'Instruction criminelle*.

cer. Cette salutaire innovation, indiquée par monseigneur le garde des sceaux dans la discussion qui eut lieu à la Chambre des Pairs, devrait trouver sa place dans la loi destinée à fixer le sort des infortunés que la nature de leurs obligations place sous le joug affreux de la contrainte.

CHAPITRE XIII.

De la loi à faire relativement à l'exercice de la contrainte par corps.

Si les lois servent à régler les mœurs, les mœurs à leur tour ne doivent pas rester sans influence sur les lois; et les progrès de la civilisation ne doivent pas moins se faire remarquer dans les unes que dans les autres. Il serait absurde de laisser exister des institutions empreintes encore du sceau de la barbarie, lorsque tout tend au perfectionnement dans l'ordre social. La législation, dans son système, doit suivre la marche de l'esprit humain : les barrières qu'elle voudrait y opposer seraient impuissantes; elle n'essaierait jamais sans danger de lui imprimer une marche rétrograde.

Il résulte de tout ce qui a été dit dans les chapitres précédens, que la contrainte par corps a depuis long-temps cessé d'être en harmonie avec les mœurs françaises. Son abrogation serait donc un besoin social dans l'état actuel des choses, et elle devrait être une conséquence inévitable du principe énoncé en tête de ce chapitre. La loi à faire pour opérer l'extinction du privilége de l'argent sur la liberté, consisterait dans une simple déclaration abolitive de celle qui le consacre ; elle ne serait qu'une légitime concession faite à l'humanité, qui la provoque de ses vœux.

Mais la tâche sera plus difficile à remplir s'il faut faire fléchir le principe, si la liberté doit continuer à pouvoir être engagée pour de l'argent, si les droits de l'humanité peuvent encore se trouver compromis pour la garantie des intérêts privés. Il est difficile, en effet, de concilier ce qui est inconciliable de sa nature; de faire que la justice, qui n'est autre chose que la morale mise en action, s'accommode d'une institution qui offense la morale, et de parvenir à donner l'autorité respectable du droit à ce qui présente la violation du plus sacré de tous les droits.

Toutefois, et si le Français devait encore rester exposé à subir l'humiliation de la contrainte, si les peines et les tourmens attachés à la captivité du débiteur malheureux pouvaient être exigés encore par son créancier comme un dédommagement de ce qu'il ne peut s'en faire payer, la loi destinée à régler le mode de cette atroce jouissance devrait se montrer avare de l'accorder, n'en laisser la faculté au créancier qu'avec de sages précautions dans l'intérêt du débiteur, et offrir de telles améliorations dans le traitement de ce dernier, que sa bienfaisance en effaçât en quelque sorte la rigueur.

Ainsi, la *nécessité* de conserver dans notre législation l'usage de la contrainte par corps ayant été reconnue n'exister que relativement au commerce, et dans la vue de faciliter la rapide circulation des lettres de change, ce prétendu bienfait, qui est cependant repoussé par tout ce qu'il y a d'honorable parmi les négocians, ne devrait point s'étendre hors de la classe de ceux-ci, dont le caractère de loyauté est un garant que non seulement ils n'en abuseront jamais, mais encore qu'ils en useront rarement, et dans les seuls cas où la mauvaise foi ne serait pas vainement présumée. La durée de l'emprisonnement pour dettes commerciales devrait être limitée à un terme qui n'excéderait jamais trois ans; mais les tribunaux devraient avoir la faculté de l'abréger, eu égard aux circonstances; et de la graduer non pas dans la proportion des sommes dues, mais dans celle du tort imputable au débiteur, selon qu'il serait reconnu coupable d'imprudence ou de mauvaise foi. Il y aurait donc lieu, par les motifs de justice qui ont porté le législateur à fixer le *minimum* et le *maximum* des peines en matière de délits, de se borner à fixer celui de la détention pour dettes, en laissant aux juges un pouvoir discrétionnaire pour en déterminer le temps.

La même règle devrait être observée pour les cas où la contrainte par corps est déclarée applicable en matières civiles. Toutefois il serait nécessaire d'établir une distinction entre ces divers cas; parce qu'ils offrent entre eux une grande dissemblance par la moralité des faits qui les différencient, et par leurs effets. Il conviendrait donc de les diviser en catégories, et d'assigner aussi à chacune d'elles le *maximum* et le *minimum* du temps de détention qui y serait attaché à titre de réparation.

Comme la loi n'est pas faite seulement pour le temps présent, mais qu'elle est destinée encore à régir l'avenir, il y aurait un grave inconvénient à ce qu'elle fixât d'une manière irrévocable le taux des alimens à fournir par le créancier à son débiteur. Il ne peut guère non plus être réglé d'une manière uniforme; parce qu'il est susceptible de variations eu égard aux localités, le prix des denrées et des objets de première nécessité étant plus ou moins élevé suivant la population des villes, et selon que la consommation y est plus ou moins grande : ce prix est d'ailleurs sujet à varier d'année en année. Au reste, c'est ici un objet de détail dont il ne nous paraît pas qu'il soit de la dignité du législateur de s'occuper. Il serait plus convenable de laisser aux tribunaux chargés d'appliquer la contrainte le soin de déterminer, par le jugement qui en ferait l'application, la somme mensuelle que le créancier serait tenu de consigner à titre d'alimens. La loi devrait donc se borner, 1°. à déclarer l'obligation du créancier à cet égard ; 2°. déterminer avec précision tout ce qu'elle entend comprendre sous la dénomination d'alimens; 3°. ordonner que la somme qui serait allouée à ce titre serait toujours calculée de manière à suffire aux premiers besoins de toute nature du détenu, et qu'elle serait consignée tous les mois, d'avance, par le créancier lui-même, ou par son fondé de pouvoirs porteur d'une procuration authentique et spéciale, entre les mains du geolier, qui la transmettrait immédiatement au détenu. — Il y aurait un grave inconvénient à fixer les alimens de manière que le débiteur pût rester exposé à manquer du nécessaire : il ne saurait y en avoir à les régler généreusement, parce que si le débiteur est réputé solvable, le créancier sera remboursé de ses avances; s'il ne l'est pas, ce dernier n'exercerait évidemment, en prolongeant sa captivité, qu'un acte de vengeance qui ne doit pas dégénérer en un acte de cruauté.

L'abrogation des lois qui soumettent à un emprisonnement provisoire les étrangers débiteurs des Français, et qui laissent indéterminée la durée de leur détention après condamnation, est une conséquence inévitable de celles qui leur accordent la libre disposition de leurs biens en France. C'est aussi une *nécessité* politique de ne mettre aucune différence entre eux et les Français, et de les traiter comme les nationaux, à raison des obligations qu'ils contractent envers eux. Ils ne devraient donc être assujettis à la contrainte par corps que pour les causes et de la même manière que les Français eux-mêmes y seraient soumis.

La contrainte par corps, soit qu'on la considère comme une peine ou comme un moyen de coaction, est toujours un acte de rigueur extrême, dont il conviendrait de ne permettre l'exercice qu'après que tous les autres modes d'exécution auraient été épuisés sans fruit sur les biens du débiteur; ou lorsqu'ils n'auraient produit que des résultats insuffisans pour désintéresser pleinement le créancier. Les tribunaux chargés d'en faire l'application devraient ne la prononcer que lorsqu'il leur serait administré la preuve de l'insuffisance du prix de la vente des meubles ou des immeubles du contraignable, par le créancier poursuivant, qui serait tenu d'en produire les procès-verbaux à l'appui de sa demande; ou celle de l'inutilité des poursuites sur ses biens par des procès-verbaux de carence, et par des certificats du receveur des contributions constatant qu'il ne possède ni immeuble ni établissement de commerce. Le débiteur devrait encore pouvoir s'affranchir de la contrainte, ou obtenir un sursis à cette dure exécution, en déléguant son revenu d'un an à son créancier, lorsqu'il serait d'un produit égal à la somme due, ou en lui cédant des créances exigibles jusqu'à concurrence de cette somme, ou par l'offre de vendre lui-même, dans un délai déterminé, les biens qu'il aurait eus en sa possession pour opérer l'extinction de sa dette. Il serait digne de la prévoyance de la loi de prévenir les vexations auxquelles un créancier vindicatif pourrait être porté à se livrer contre son débiteur, en lui interdisant la faculté d'exercer tout à la fois des poursuites sur ses biens et contre sa personne.

La contrainte par corps portant avec elle un caractère de pénalité, sous quelque aspect qu'on l'envisage, le pouvoir d'en faire l'application devrait être placé dans les attributions des tribunaux de police correctionnelle, devant lesquels les parties seraient renvoyées à cet effet par les tribunaux de commerce. Elle ne serait jamais prononcée que sur la demande formelle du créancier, et lorsque le débiteur se trouverait convaincu de mauvaise foi ou d'une grave imprudence. Celui qui aurait été victime de l'adversité devrait toujours être à l'abri de poursuites qui ne feraient qu'ajouter à son égard une vexation inutile. Les tribunaux correctionnels seraient investis par le jugement de renvoi et par l'assignation donnée par le créancier au débiteur.

La loi ne doit pas compatir seulement au malheur, elle doit prendre aussi en considération l'âge et le sexe : leur faiblesse est un titre à son indulgence. Les mineurs, les femmes et les hommes sexagénaires devraient donc être déclarés par elle exempts de la contrainte par corps en matière commerciale et en matière civile.

La captivité de l'homme qui ne paie pas ses dettes étant un moyen sévère employé pour l'y contraindre, lorsqu'il est présumé n'être pas dénué de ressources pour satisfaire ses créanciers, ou une peine contre celui qui persisterait dans son refus de payer, lorsqu'il est probable qu'il pourrait se libérer, la loi doit limiter la durée de sa détention dans le second cas, et déterminer les effets de l'épreuve dans le premier. Ainsi, tout débiteur incarcéré devrait obtenir son élargissement, 1°. en payant le tiers de sa dette en principal et accessoires, et en donnant caution de payer le surplus dans le délai d'un an; 2°. lorsqu'il lui est échu des biens depuis sa détention, en fournissant son obligation de payer dans un pareil délai avec affectation d'hypothèque sur ses biens, ou par une délégation sur ses propres débiteurs à son créancier; 3°. par le consentement qui y serait donné par ce dernier, au moyen d'une simple déclaration, sur le registre de l'écrou, faite par lui ou par son fondé de pouvoirs par procuration authentique et spéciale ; ce consentement pourrait être donné aussi par acte devant notaires, lequel, dans ce cas, devrait être annexé à l'écrou, et transcrit en marge par le geolier; 4°. par le défaut de consignation des alimens constaté par un certificat du geolier, délivré sans frais, sur la représentation duquel la mise en liberté serait sur-le-champ ordonnée par le président du tribunal au bas d'une requête qui lui serait adressée par le détenu; 5°. par la cession de biens, qui ne serait refusée que lorsqu'il serait prouvé que le débiteur aurait agi de mauvaise foi; 6°. par une détention continuée pendant le plus long-temps déterminé par la loi, après lequel il serait déclaré définitivement affranchi de la contrainte pour toutes les dettes par lui contractées avant son emprisonnement, et échues dans l'intervalle de sa détention.

Enfin la loi, qui n'a pas voulu laisser incertaine la propriété des meubles et des immeubles, et qui a fixé un terme à l'expiration duquel ils sont toujours censés appartenir à celui qui en est en possession, ne doit pas laisser exister cette incertitude à l'égard de la liberté. En conséquence, il est convenable d'en déterminer un après lequel l'homme soumis à la contrainte en vertu d'un jugement, en soit légalement affranchi. Celui de cinq ans est d'autant plus suffisant, que les peines correctionnelles, qui ne méritent pas la même faveur sans contredit, prescrivent par ce délai.

CHAPITRE XIV.

De la rétroactivité de la loi.

Le principe de non-rétroactivité de la loi doit être entendu dans ce sens, qu'en général une loi nouvelle ne peut point porter atteinte au fond d'un droit acquis antérieurement à des conventions précédemment stipulées, ni modifier l'état qui appartient aux personnes en vertu d'une loi préexistante. Ce principe est d'autant plus respectable qu'il a pour objet la conservation de l'ordre établi dans l'intérêt général, autant que dans celui des particuliers. Cependant, il n'est pas tellement absolu qu'il ne puisse y être dérogé lorsque l'ordre public lui-même l'exige, ou lorsque l'harmonie sociale, résultant de l'accord des lois avec les mœurs, et en l'absence de laquelle l'ordre ne saurait exister, en serait blessée. Il n'est pas un obstacle à ce que la loi nouvelle vienne modifier l'exercice d'un droit acquis, régler l'exécution des conventions antérieures, et améliorer la condition et l'état des personnes. Notre législation nous en fournit de nombreux exemples : il suffira d'en reproduire ici quelques-uns pour justifier notre opinion sur l'action de la loi qui fait l'objet de nos vœux.

Avant la publication du Code Civil, le plus long temps exigé pour opérer la prescription n'était pas toujours de trente ans seulement. Il y avait des cas où elle était portée à quarante ans, et d'autres où elle n'était acquise que par une possession immémoriale. L'article 2281 les a toutes réduites à un terme uniforme; il dispose qu'elles seront désormais toutes accomplies par le laps de trente ans. Cependant, ceux contre qui elles couraient avaient une juste raison de se confier dans la loi régulatrice des effets d'une prescription dont les délais paraissaient ne pouvoir pas être abrégés au préjudice de la déclaration solennelle contenue dans le même Code, que « la loi ne dis- « pose que pour l'avenir; qu'elle n'a point d'ef- « fet rétroactif » (1). Mais il est un principe non moins fondamental que celui de la non-rétroactivité de la loi, qui veut que l'intérêt général soit toujours préféré à l'intérêt privé; et comme il importe que les propriétés ne restent pas trop long-temps incertaines, le législateur se détermina par la considération de l'intérêt général, auquel il n'hésita pas de faire céder l'intérêt individuel.

Sous l'ancien ordre des choses, le débiteur

(1) *Code Civil*, art. 2.

d'une rente constituée en perpétuité ne pouvait être contraint au rachat du principal pour le seul fait de la cessation du paiement de la rente pendant deux ans, à moins que l'acte de constitution n'en contînt la condition expresse. L'article 1912 du Code dispose, en termes généraux, que le débiteur d'une rente de cette nature peut être contraint au rachat s'il cesse de remplir ses obligations pendant deux ans. De là, question de savoir si le défaut de paiement d'une rente constituée par un ancien titre donnait lieu, *ipso jure*, comme pour celles constituées par des titres récens, au remboursement du capital, encore que l'acte de constitution fût muet à cet égard, ou s'il fallait qu'il en contînt l'obligation de la part du débiteur pour qu'il pût y être contraint?..... Et les tribunaux ont décidé constamment, et d'une manière uniforme, que le rachat devait toujours avoir lieu, sur le fondement que l'article 1912 ne nuisait point au fond du droit des parties; qu'il ne dérogeait pas à leurs conventions; et qu'il consacrait seulement un nouveau mode d'exécution de l'obligation, que le législateur avait pu introduire sans rétroagir. Ici, comme on le voit, la jurisprudence a sagement distingué le fond du contrat, qui doit rester immuable, à moins d'un changement de volonté de la part des parties contractantes, de l'exécution qu'il doit recevoir et qu'il appartient à la loi de régler.

Sous l'empire de la loi du mois de septembre 1791, confirmée dans ses dispositions principales par le Code Civil, le mariage n'était plus un contrat qui unît les deux époux irrévocablement et pour la vie. Ceux qui avaient formé ce lien antérieurement à la loi du 8 mai 1816 avaient le droit acquis de le rompre par leur consentement mutuel, ou pour l'une des causes auxquelles cet effet était attribué. Cependant le divorce fut aboli, et la loi qui en prononçait l'abolition fut applicable aux mariages qui avaient précédé sa promulgation, comme à ceux qui lui étaient postérieurs. Dans cette circonstance, la morale, qui forme l'un des plus solides fondemens de l'édifice social, et qui doit toujours dominer la pensée du législateur, prévalut sur le principe de la non-rétroactivité, dont il n'est pas toujours également dangereux de s'écarter.

En matière pénale, lorsqu'une loi plus douce vient substituer son bienfait aux rigueurs d'une précédente loi plus sévère, l'humanité commande qu'elle soit appliquée même aux délits commis avant sa publication, quoique la loi existante à cette époque prononçât contre leurs auteurs une peine plus dure : et cependant, il n'a jamais été prétendu que le principe de la non-rétroactivité y fût blessé.

Ces antécédens, auxquels on pourrait en ajouter d'autres encore, étaient nécessaires à rappeler, parce qu'ils sont favorables à l'opinion qui demande l'application uniforme de la nouvelle loi à tous les contraignables par corps, sans distinction des dates de leurs obligations, et soit qu'elle prononce l'abolition de la contrainte ou qu'elle vienne seulement en tempérer la dureté. Cette opinion n'est elle-même qu'une conséquence du besoin d'une rigoureuse uniformité dans l'administration de la justice.

Mais examinons dans quelle catégorie la contrainte par corps doit être rangée, et de quel poids pourraient être, dans la détermination de l'action de la loi à faire, les scrupules qui furent manifestés à l'occasion du projet discuté à la Chambre des pairs. La contrainte est-elle simplement un mode d'exécution du contrat, ou bien tient-elle à son essence?..... Dans le premier cas, y aurait-il rétroactivité de la loi qui la régit, dans l'application qui en serait faite aux obligations antérieures à l'époque de sa promulgation?..... Dans le second cas, cette rétroactivité ne serait-elle pas commandée par la nature des choses?.....

Les partisans de la contrainte s'accordent à la considérer comme un acte de coaction exercé par le créancier sur la personne de son débiteur, pour en obtenir, à l'aide de cette espèce de violence légale, l'aveu des ressources qu'il est présumé tenir cachées dans la vue de se soustraire au paiement d'une dette légitimement contractée;

et ce système est fondé sur l'esprit et sur la lettre des lois rendues en cette matière, qui classent la contrainte par corps dans le nombre des divers modes d'*exécution forcée des actes et jugemens* (1). Il est fortifié encore de l'autorité de plusieurs arrêts de cours souveraines du royaume. Les recueils de jurisprudence offrent de nombreux exemples d'appels émis de jugemens qui prononçaient la contrainte par corps pour des sommes non excédant mille francs. Ces appels étaient fondés sur ce que la contrainte avait été accordée hors des cas déterminés par la loi qui en autorise l'application; et il était soutenu qu'ils devaient être reçus, bien que la somme qui avait donné lieu aux condamnations n'excédât point le dernier ressort, parce que la liberté étant un bien inappréciable, la voie de l'appel devait toujours être ouverte contre les jugemens qui en prononçaient la privation. Mais cette doctrine a été constamment repoussée par les tribunaux devant lesquels elle était professée; et il a été uniformément jugé que le dernier ressort était exclusivement déterminé par la somme demandée, sans pouvoir y prendre en considération le chef relatif à la contrainte, qui n'était qu'un accessoire, une conséquence rigoureuse de la condamnation, et

(1) *Code de Procédure civile*, part. 1re, liv. V, tit. VI.

un simple mode d'exécution du jugement qui en faisait l'application. Cette opinion, qui dérive de la loi elle-même, et qui a reçu la sanction de la justice, est devenue un principe de jurisprudence généralement admis; et ce principe ne doit pas fléchir aujourd'hui devant quelques opinions paradoxales, qui reposent sur des sophismes et des subtilités purement scholastiques.

Il faut distinguer dans toute obligation ce qui constitue le fond du droit de celui au profit de qui elle est contractée, des moyens de contraindre le débiteur à remplir son engagement. Ceux-ci sont d'ordre public; ils ne peuvent être laissés dans le domaine des volontés privées; il appartient à la loi de les déterminer, ce n'est que de son autorité qu'ils peuvent être employés; ils sont de plus assujettis à des formes qu'il n'est pas permis de négliger. L'exécution est donc extrinsèque à l'acte; elle ne tient pas à l'essence de l'obligation, dont toute la valeur consiste dans la promesse de faire ou de ne pas faire, et dans les conditions qui accompagnent cette promesse. Le créancier ne peut en forcer l'accomplissement qu'à l'aide de la loi, qui a bien voulu venir à son secours; il puise son droit à l'exécution dans le titre dont il est porteur; mais ce titre, par lui-même, serait sans force en l'absence de l'autorité chargée de la lui imprimer. Il en est de la contrainte par corps comme de la saisie immobilière, de la saisie-exécution, de la saisie-arrêt; elles ont toutes le même caractère coercitif; elles ne diffèrent que par la rigueur plus ou moins grande attachée à leur forme et à leurs effets. Elles dérivent d'un principe commun, la volonté de la loi, qui les introduisit en vue de l'intérêt général, et qui, lorsqu'elle juge que son but y est dépassé, peut, sans contredit, renoncer à des rigueurs qui ne sont plus indispensables aux besoins sociaux, ou qui ne pourraient plus être maintenues sans inhumanité. La loi peut donc y apporter des changemens et des modifications sans nuire au fond du droit du créancier, qui reste toujours le même, ces changemens et ces modifications n'affectant que la manière de l'exercer.

Lorsque le Code de Procédure civile eut introduit un nouveau mode d'expropriation forcée, et de nouvelles règles pour les saisies-exécutions et pour les saisies-arrêts, on ne fit pas de difficulté d'y soumettre ceux qui avaient contracté antérieurement. Cependant le créancier qui voyait reculer l'époque de son paiement par la prolongation des délais, et par la multiplicité des formes à observer dans l'exécution de l'obligation dont il était porteur, avait aussi de justes motifs de se plaindre que la nouvelle loi changeait sa position. Pourquoi dans un cas analogue, mais bien plus favorable puisqu'il s'agit de la liberté des personnes, hésiterait-on à appliquer à l'exécution des obligations qui donnent lieu à la contrainte la loi qui en prononcerait l'abolition, ou qui en tempérerait le principe, la forme et les effets?... Parce que, répondent les partisans de la contrainte par corps, « ce serait altérer les sû« retés données au créancier par le contrat, por« ter atteinte au jugement qui les garantit, et « rétroagir sur une exécution consommée, en « faisant profiter le débiteur incarcéré du bien« fait d'une loi qui n'est faite que pour l'avenir. » Le vice de cette réponse est trop sensible pour qu'elle ait besoin d'être réfutée longuement. Le contrat serait vainement invoqué comme preuve que le débiteur a voulu se soumettre à la contrainte, et que le créancier n'a consenti à prêter son argent qu'à cette condition, puisqu'il est muet sur ce point, et qu'il n'aurait pu contenir une stipulation généralement prohibée. La loi dispose, à la vérité, que les lettres de change donneront lieu à la contrainte par corps; mais cette disposition, qui n'est qu'accidentelle, qui peut cesser avec les besoins qui l'ont dictée, qui n'est qu'une conséquence plus ou moins éloignée de l'obligation, ne peut être arbitrairement transformée en cause déterminante du prêt. Cette cause consiste dans la confiance que l'emprunteur inspirait au prêteur par sa solvabilité connue ou présumée, dans la foi que le créancier ajouta à la promesse du paiement. A la vérité, celui-ci sut qu'en cas de retard, il pourrait forcer son débiteur à lui rendre la somme prêtée, soit par la voie de la contrainte, soit par l'expropriation de ses biens, soit par la vente de ses meubles, ou par la saisie de ses créances ; mais il serait peu raisonnable de supposer que l'assurance qu'il aurait eue d'être obligé de faire usage de ces moyens contre le débiteur ait pu contribuer à le déterminer à faire le prêt; il est plutôt à croire qu'elle eût été pour lui un motif de le refuser. Il y aurait donc, dans cette partie de la réponse, confusion de la cause et des moyens, qu'il importe pourtant de distinguer; et l'on devra convenir qu'il y a erreur dans cette assertion : que la contrainte, qui n'est qu'une conséquence possible de l'obligation comme les autres voies d'exécution, soit une des *sûretés données par le contrat*. La contrainte par corps peut donc être abrogée ou modifiée, sans que l'obligation du débiteur ni les droits du créancier soient diminués.

On n'est pas mieux fondé à soutenir qu'il y ait atteinte portée au jugement dans la disposition qui en autorise l'exécution par toutes les voies de droit, *et même par corps ;* parce qu'il appartient à la loi de régler cette exécution, et qu'elle peut modifier les divers modes qui y sont employés, ou même les abroger pour leur en substituer d'autres, lorsqu'il est jugé nécessaire d'opérer ces changemens. Dans ce cas, la nouvelle loi doit régir l'exécution tant des jugemens déjà rendus, que de ceux qui le seraient à l'avenir, parce que la marche de la justice doit être régulière et uniforme.

Enfin, il n'y aurait véritablement rétroaction à l'égard du débiteur, déjà détenu en vertu du jugement qui le soumet à la contrainte, qu'autant qu'on devrait admettre que l'exécution sur sa personne a été consommée par son incarcération; mais il n'en est pas de l'emprisonnement comme d'une saisie mobilière ou immobilière, où tout est fini, relativement à l'objet saisi, par la vente qui en est faite, et par la distribution de son prix. L'emprisonnement est une exécution prolongée et successive, qui se renouvelle de jour en jour, et à tous les instans du jour, par la détention du débiteur, suivant le bon plaisir du créancier, qui peut la faire cesser par un simple effet de sa volonté. Cette exécution n'est véritablement consommée que par l'expiration du plus long terme assigné à la détention, et au-delà duquel il n'est pas permis d'en continuer la durée. La loi qui viendrait y apporter des modifications, ou même l'abroger entièrement, devrait donc faire participer à ses dispositions bienfaisantes le débiteur incarcéré, tout comme celui qui, ne l'étant point encore, pouvait l'être cependant en exécution du jugement qui l'y condamnait : *Ubi eadem causa, ibi eadem ratio dicendi.*

Supposons toutefois que ces raisons soient encore insuffisantes pour convaincre certains esprits dominés par l'idée de rétroactivité de la loi : résisteront-ils à reconnaître un principe non moins sacré que celui qui défend cette rétroactivité, gravé dans tous les cœurs et dans toutes les consciences, émané de la source de toutes les vérités, et que l'homme n'a pas craint d'enfreindre pour satisfaire ses vues intéressées, celui qui déclare la liberté inaliénable ?... Ce principe, auquel la loi humaine n'a pu déroger sans outrager tout à la fois la loi naturelle et la loi divine, consacre un droit immuable, imprescriptible : il est fondé sur un sentiment d'humanité, qui commande bien autrement notre respect que les motifs intéressés servant de base au principe de pure convention, dont la conséquence serait la violation de ce droit. Il n'y a pas à hésiter sans doute dans le choix, et la crainte de rétroagir devra céder à celle de blesser plus long-temps la morale et la religion. « Le législateur ne doit con« naître d'autres bornes que celles de la raison « et de la justice; et une grande considération « d'humanité doit l'emporter dans son esprit sur « un intérêt pécuniaire, qui est souvent de l'ordre « le moins relevé. » (1)

Au reste, et l'expérience de ce qui s'est passé

(1) M. de Broglie.

à la Chambre des Pairs nous en fournit la preuve, quelle que soit la loi qui sera rendue, elle rétroagira toujours dans la plupart de ses dispositions. La connaissance que nous avons de la discussion qui s'y éleva nous apprend que le sort des vieillards et des étrangers détenus pour dettes excita d'une manière particulière l'intérêt de la Chambre; et elle jugea qu'on devait faire participer aussi aux avantages de la loi nouvelle, ceux sur qui pesaient déjà des condamnations judiciaires, qui étaient déjà détenus, et ceux dont les obligations dataient d'une époque reculée; parce qu'il serait injuste de vouloir qu'un débiteur régnicole fût détenu pendant une longue suite d'années, tandis que l'autre ne le serait que peu de temps; que celui-ci recouvrât sa liberté à l'âge où la détention cesse d'être supportable, et que celui-là fût obligé de terminer dans la prison sa pénible existence; que la captivité d'un étranger fût indéfinie, tandis que celle d'un autre n'aurait qu'une durée limitée; et cela, parce que le titre serait daté de quelques jours plus tôt ou de quelques jours plus tard. Concluons de cet exemple, qui nous présente l'embarras du législateur dans la lutte qui s'élève entre le principe d'humanité et celui de la non-rétroactivité, qu'il serait plus conséquent d'admettre avec la jurisprudence des arrêts, que la contrainte par corps n'est qu'un mode d'exécution forcé, et que la loi destinée à la régir doit s'appliquer aux obligations existantes comme aux obligations à venir. Enfin, et quelle que soit l'opinion qu'on se formera à cet égard, nous pensons avec le noble pair qui plaida la cause du malheur d'une voix si éloquente : « qu'il est un « motif puissant qui doit lever toutes les diffi- « cultés ; c'est que, lorsqu'il s'agit d'une disposi- « tion évidemment contraire à la morale et à l'hu- « manité, le législateur, en l'abrogeant, doit s'em- « presser de faire jouir de ce bienfait tous ceux « qui y ont intérêt, sans s'inquiéter de la question « de rétroactivité. » (1)

(1) M. Decazes.

CHAPITRE XV.

Conclusion.

Les principes que nous avons posés dans le cours de cet écrit, les développemens que nous leur avons donnés, et les conséquences que nous en avons tirées, peuvent être réduits à ce petit nombre de propositions que nous nous permettons d'offrir à la méditation des législateurs.

« Il n'est d'utile que ce qui est honnête; il n'est « d'honnête que ce qui est d'accord avec la mo- « rale et la religion. — L'utilité des institutions « ne peut être justifiée que par leur honnêteté. « — La contrainte par corps est contraire à la « morale et à la religion : elle contriste l'huma- « nité. Elle est un acte de rébellion contre la vo- « lonté divine qui créa l'homme libre. Le droit « accordé à un individu de priver un autre indi- « vidu de sa liberté, est un droit impie.

« La contrainte par corps n'est pas moins con- « traire aux principes constitutifs de notre droit « politique, qu'à la loi naturelle et à la loi divine. « — La liberté étant déclarée par nos lois un bien « inaliénable, il est inconséquent de permettre

« qu'elle puisse ètre engagée pour dettes, et mise « à la disposition du créancier.

« L'intérêt du commerce, que les partisans de « la contrainte par corps allèguent comme un « motif de la conserver dans notre système de « législation, n'est qu'une fausse idée accréditée « chez le vulgaire ignorant. Cette déplorable er- « reur ne tourne guère qu'au profit de quelques « misérables usuriers, véritables fléaux de la so- « ciété. L'opinion la plus générale des commer- « çans, exprimée par un de ses plus honorables « organes, est que *le commerce, qui civilise tout,* « *n'a pas besoin pour sa sûreté de recourir à* « *des moyens qui rappellent les temps de la plus* « *grande barbarie.*

« Ce serait un outrage à la loyauté de ceux qui « exercent cette utile profession, de supposer que « la contrainte par corps est une garantie indis- « pensable de la fidélité de l'exécution des trans- « actions commerciales. Mais, s'il était possible « d'admettre cette odieuse nécessité, devrait-il « encore n'en être usé qu'entre négocians, et ja- « mais contre ceux qui sont étrangers au com- « merce.

« En matière civile, il n'existe pas de motif de « forcer l'exécution d'une certaine nature d'obli- « gations par l'emploi de la contrainte. Si on leur « attribue cet effet, parce que les faits dont elles

« dérivent présentent un caractère qui les rap-
« proche des délits qualifiés, il serait plus raison-
« nable de les classer parmi ces derniers; la peine
« serait plus exemplaire.

« La loi répugne à admettre des fictions au lieu
« de la réalité; et il n'en est pas de plus absurde
« que celle qui voudrait dépouiller la contrainte
« par corps du caractère de pénalité qui lui est
« inhérent. — La contrainte par corps est une
« véritable torture physique et morale; elle est
« toujours une peine afflictive, soit qu'on la con-
« sidère comme une *épreuve*, ou comme *un mode*
« *d'exécution forcée.*

« La loi qui permettrait l'exercice de la con-
« trainte par corps pour de misérables intérêts
« privés, serait injuste si elle assignait toujours
« un terme uniforme à la détention du débiteur.
« Elle serait immorale si, en admettant une gra-
« dation dans sa durée, elle prenait seulement
« en considération le préjudice pécuniaire qu'au-
« rait souffert le créancier. — Une loi qui don-
« nerait le tarif de nos libertés comme on donne
« celui d'une vile marchandise, serait dégradante
« pour l'humanité.

« Il y aurait une grande injustice à imputer
« toujours à la faute du débiteur l'impuissance
« de payer à laquelle il se trouverait réduit. On
« pourrait n'avoir à lui reprocher que de l'im-

« prudence, et les circonstances dans lesquelles « il se serait rencontré être de nature à le ren- « dre excusable. Sa ruine inopinée pourrait avoir « été causée par des pertes et des malheurs im- « prévus; et, dans ce cas, il serait digne de com- « passion. — La loi qui le soumettrait, sans exa- « men, aux duretés de la contrainte serait in- « juste : l'application devrait donc en être confiée « à la sagacité et au bon sens des juges qui se- « raient chargés de la faire.

« La moralité des actions devant toujours, en « bonne justice, être prise en considération pour « déterminer le degré de culpabilité, les indivi- « dus qui sont encore dans l'âge où la loi leur « refuse la capacité d'exercer leurs droits dans « toute leur plénitude, ne devraient pas, par une « bizarre exception, se trouver exposés à com- « promettre pour des intérêts souvent médiocres, « de tous leurs droits le plus précieux. L'appli- « cation de la contrainte par corps à des mineurs « offrirait, à leur égard, la substitution de la « violence à la protection que la loi leur promet : « la permettre à l'égard des vieillards serait por- « ter atteinte au respect dû à la vieillesse : à « l'égard des femmes, elle serait une atteinte à « la pudeur, elle blesserait la délicatesse de nos « mœurs.

« Aux yeux de la morale et de la religion, tous

« les hommes sont frères, quel que soit le point « du globe où le hasard les ait fait naître. — L'une « et l'autre se trouvent indignement outragées « par l'opinion barbare qui fait convertir en ar- « rêts de mort les jugemens par lesquels les étran- « gers sont soumis à la contrainte. Le droit qui « est accordé à leurs créanciers de les retenir « indéfiniment en prison, change leur captivité en « une longue agonie. — C'est mal exercer l'hos- « pitalité que d'y mettre dès conditions aussi « dures. — La justice et l'humanité, d'accord avec « une sage politique, réclament pour les per- « sonnes des étrangers la faveur dont ils jouis- « sent pour leurs biens.

« La contrainte par corps est de toutes les exé- « cutions forcées la plus rigoureuse; elle devrait « ne pouvoir être employée que comme un re- « mède extrême dans un mal désespéré. — Quelle « que soit la loi qui sera rendue, abolitive, ou « simplement modificative de ses rigueurs, elle « devrait faire indistinctement participer à son « bienfait tous ceux qui se trouveraient liés par « des obligations qui les rendraient contraigna- « bles. — Il n'y a jamais de rétroaction dans son « fait, lorsqu'il s'agit des intérêts de l'humanité, « lorsqu'elle a pour objet d'améliorer le sort et « la condition de l'homme. »

Dans ce siècle, où tout tend à se perfectionner,

où l'industrie et les sciences en général ont fait de si grands progrès, les institutions doivent suivre ce mouvement universel, et se dégager enfin des vieux restes de la barbarie des temps anciens, qui nuisent à l'harmonie du système social.

FIN.

TABLE DES MATIÈRES.

INTRODUCTION. — Esquisse historique de la législation sur la contrainte par corps........................ *Page* 1

CHAPITRE Ier — Du principe et des effets de la contrainte par corps.............................. 6

CHAP. II. — La loi qui permet au citoyen de priver le citoyen de sa liberté est-elle compatible avec notre Charte constitutionnelle ?... N'est-elle pas une grave inconséquence dans l'état actuel de notre législation ?... 21

CHAP. III. — La contrainte par corps est-elle une peine, ou simplement un mode d'exécution forcée, à l'usage du créancier, pour obliger son débiteur à payer ?. 29

CHAP. IV. — La contrainte par corps est-elle utile au commerce ?............................. 43

CHAP. V. — Si le législateur croit devoir continuer en faveur de l'intérêt privé la concession de ce mode d'exécution forcée, l'exercice ne doit-il pas en être restreint entre négocians, et à raison seulement des engagemens commerciaux ?................. 52

CHAP. VI. — De la durée de l'emprisonnement pour dettes commerciales........................ 60

CHAP. VII. — Des alimens à fournir par le créancier incarcérateur à son débiteur incarcéré 67

CHAP. VIII. — De la contrainte par corps en matière civile, et de la durée de l'emprisonnement pour dettes civiles 79

CHAP. IX. — De la contrainte par corps contre les étrangers 90

CHAP. X. — De la contrainte par corps comparée aux autres modes d'exécution. Raisons qui doivent empêcher qu'elle puisse être exercée cumulativement avec ceux-ci, et qu'il en soit usé contre les débiteurs avant qu'ils aient été exécutés dans leurs biens. *Page* 101

CHAP. XI. — L'application de la contrainte par corps doit-elle être *obligée* ou *facultative*?... Doit-elle rester dans les attributions des tribunaux ordinaires? n'est-il pas plus convenable de l'en retirer pour la placer dans celles des tribunaux correctionnels?.... 110

CHAP. XII. — Des causes qui doivent exempter de la contrainte par corps, et de celles qui doivent procurer l'élargissement du débiteur incarcéré; — Du sexe, de l'âge, de la parenté; — Du paiement, du consentement du créancier, du manque d'alimens, de la cession des biens; — Des effets du plus long terme de la détention; — De la prescription............ 120

CHAP. XIII. — De la loi à faire relativement à l'exercice de la contrainte par corps.............. 141

CHAP. XIV. — De la rétroactivité de la loi.......... 150

CHAP. XV. — Conclusion.................... 164

FIN DE LA TABLE.